Suzan
H. Wiegel

Aura
leicht gemacht!
Soma

Praxis-Erfahrungen
mit Balanceölen,
Pomandern,
Meisteressenzen,
Tinkturen und
Kosmetik

Fischer Media Verlag, Münsingen-Bern

Die Reihe «Natürliche Gesundheit & praktische Lebenshilfe» wird
herausgegeben von Mag. Ursula Hebenstreit und Wulfing von Rohr.

Wichtiger Hinweis

Die Hinweise in diesem Buch sind sorgfältig erwogen und entstammen der kritischen Beurteilung von jahrelangen Erfahrungen. Sie dienen jedoch allein der Information. Weder die Autorin noch der Verlag können irgendeine Haftung für die persönliche Wirksamkeit und/oder die Folgen der Anwendung der einzelnen Hinweise übernehmen.

Bei allen körperlichen und psychosomatischen Beschwerden oder Symptomen, die auf eine Gesundheitsstörung hinweisen, wird empfohlen, einen kompetenten, seriös ausgebildeten und amtlich zugelassenen Aura-Soma-Berater oder Heilkundigen aufzusuchen.

Aura Soma
ist ein geschütztes Warenzeichen
der englischen Firma Dev-Aura,
Lincolnshire Great Britain.

2. Auflage

© 1996 Fischer Media Verlag
    Fischer Druck AG
    CH-3110 Münsingen-Bern
    Alle Rechte vorbehalten

ISBN 3-85681-325-X

Inhaltsverzeichnis

Widmung 6

Wie es zu diesem Buch kam... 9

Was ist Aura Soma? 10

Vicky Wall, die Begründerin von Aura Soma 18

Die Sprache der Farben 22

Was bedeutet «Balance»? Wie wirkt sie? 28

Die 95 Aura-Soma-Balance-Farböle, mit Fallbeispielen 33

Was sind Pomander? Wie wirken sie? 116

Was sind Quintessenzen? Wie wirken sie? 125

Was sind Tinkturen? Wie wirken sie? 135

Die kosmetischen Produkte 144

Massagetechniken mit Aura Soma 148

Chancen und Grenzen von Aura Soma:
Anstöße zum Nachdenken 153

Adressen von Aura-Soma-Beratern und
Aura-Soma-Bezugsquellen 161

Literaturhinweise, Adresse der Autorin 172

Weitere wichtige Bücher aus dem Fischer Media Verlag 173

Dieses Buch ist
meinem über alles geliebten
geistigen Führer
gewidmet.

Voller Überzeugung und Dankbarkeit der Schöpfung und meiner geistigen Führung gegenüber möchte ich an den Anfang dieses Buches Worte von Max Planck stellen, die mich tief berühren und die auch mein Credo darstellen:

«Als Physiker, also als Mann, der sein ganzes Leben der nüchternen Wissenschaft, der Erfassung der Materie diente, bin ich sicher von dem Verdacht frei, für einen Schwarmgeist gehalten zu werden. Und so sage ich nach meinen Erforschungen des Atoms folgendes: Es gibt keine Materie an sich! Alle Materie entsteht und besteht nur durch eine Kraft, welche die Atomteilchen in Schwingung bringt und sie zum winzigsten Sonnensystem des Atoms zusammenhält. Hinter dieser Kraft müssen wir einen bewußten intelligenten Geist annehmen. Dieser Geist ist der Urgrund aller Materie. Nicht die sichtbare, aber vergängliche Materie ist das Reale, Wahre, Wirkliche (denn die Materie bestünde, wie wir gesehen haben, ohne diesen Geist überhaupt nicht!), sondern der unsichtbare, unsterbliche Geist ist das Wahre. Da es aber Geist an sich nicht geben kann und jeder Geist einem Wesen zugehört, so müssen wir zwingend Geistwesen annehmen. Da aber auch Geisteswesen aus sich selbst nicht sein können, sondern geschaffen worden sein müssen, so scheue ich mich nicht, diesen geheimnisvollen Schöpfer ebenso zu nennen, wie ihn alle Kulturvölker der Erde früher Jahrtausende genannt haben: GOTT.»

Wie es zu diesem Buch kam...

Seit vier Jahren arbeite ich in meiner Praxis mit ständig steigender Intensität auch mit der Aura-Soma-Farbtherapie. Obwohl sie mich persönlich vom ersten Moment an gefangen nahm, mußte das nicht bedeuten, daß auch meine Patienten gleichermaßen reagieren würden. Aber seitens der Patienten entwickelte sich ein großes Bedürfnis, und mancher «Fall» löste sich auf leichte Weise, als ich die Balance-Flaschen therapeutisch mit einsetzte. Diese Erfolge aus der eigenen Heilpraxis, die manchmal wie ein Wunder auf uns alle wirkten, sind der Anlaß für dieses Buch.

Ich möchte Ihnen auf einfache Weise und anhand von Fallbeispielen aus meiner Praxis zeigen, wie Sie selbst ganz praktisch mit Aura Soma umgehen können.

Den Beruf der Therapeutin übe ich aus, weil es mir ein Bedürfnis ist, zu helfen und zu unterstützen. Daher bevorzuge ich Therapieformen, die den Patienten nach kürzester Zeit unabhängig von ihrem Therapeuten werden lassen und die so konzipiert sind, daß sie der Laie anwenden kann, ohne sich zu schaden. Aura Soma ist (neben den Bachblüten z. B.) eine Therapieform, die zwei sehr wichtige Funktionen in einem erfüllt: 1. Sie heilt und sie wirkt vorbeugend, indem sie uns schützt und stärkt. 2. Sie ruft keinerlei schädliche Nebenwirkungen hervor und ist eine echte Präventivmedizin. Dies sind zwei Kriterien, die nach meiner Erfahrung nicht hoch genug geschätzt werden können. So sei denn dieses Buch eine Hilfe für jedermann/jederfrau – gleich, ob er bzw. sie sich heilen oder schützen möchte.

Was ist Aura Soma?

Als ich 1990 den Aura-Soma-Farbölen, die sich «Balance-Öle» nennen, zum erstenmal begegnete, ging mir spontan das Herz auf. Es war weniger mein Verstand, der da sprach, als vielmehr ein inneres Bedürfnis, das mir plötzlich bewußt wurde. Ich sah etwas, das mir innerlich wohltat. Je mehr und intensiver ich mich auf die Farben der Flaschen einließ, um so wohler wurde mir – nach etwa einer Viertelstunde war meine Grundstimmung völlig verändert: ich fühlte mich gelöst und heiter.

Das hatte ich noch nie erlebt! Was war das? Wie wirkte es? Was geschah da in mir und wie? Es war nicht nur meine Neugier, die da geweckt wurde, sondern eher ein aufregendes Gefühl, ganz so, wie man es kennt, wenn etwas Außergewöhnliches, etwas besonders Erfreuliches bervorsteht.

Bis dahin hatte ich als Psychotherapeutin und Heilpraktikerin viele unterschiedliche Techniken erlernt und auch an mir selbst erfahren und über Jahre mit Patienten erleben dürfen, welche Wirkung sie generell haben. Aura Soma war etwas völlig anderes. Heute kann ich sagen: Aura Soma ist wirklich etwas völlig Neues.

Das Besondere an Aura Soma ist, daß diese Methode «nicht eingreift». Das bedeutet, jeder wählt seine farbigen Flaschen selbst, folgt seinem Gefühl und seinen eigenen Bedürfnissen. Kein Therapeut - und sei er noch so perfekt – greift ein, bzw. macht Vorschläge oder glaubt gar, es vielleicht doch besser zu wissen.

Vicky Wall, die Aura Soma ins Leben rief, war der Überzeugung, daß wir uns dort, wo wir am stärksten sind, also da, wo unsere größten Talente liegen, am meisten und am schnellsten verbrauchen. Da sie hellsichtig war, konnte sie leicht wahrnehmen, daß die Farben, die unsere Talente oder auch unsere Bestimmung repräsentieren, bei nahezu allen Menschen in der Aura an Strahlkraft verloren und wie «verwaschen» wirkten.

Die Frage liegt dann nahe: Auf welche Weise kann ich das wieder auffüllen, was ich verbraucht habe? Unserem Körper führen wir selbstverständlich regelmäßig Nahrung zu, unserem Geist ebenso – und was geben wir unserer Seele?

Das Heilen mit Farben hat eine sehr lange Tradition. Es basiert auf dem Wissen, daß unser «ewiger Kern», unsere Seele, in ganz bestimmten Farben leuchtet. Die Seele ist nach Vicky Walls Verständnis der Anteil des Menschen, der weder Raum noch Zeit angehört, immer mit dem Göttlichen (oder der Quelle) verbunden ist und über die diversen Inkarnationen hinweg unverändert bleibt.

Das Leuchten dieser Seele nannte Vicky Wall «die wahre Aura». Wir können sie auch als «Wesenskern» bezeichnen. Sagen wir es einmal anders: Jeder Mensch ist auf der Suche nach sich selbst (zumindest unbewußt) und hat keinen sehnlicheren Wunsch, als wirklich zu dem oder der zu werden, die er/sie wirklich ist. Woher kommt diese Sehnsucht?

Vicky Wall war davon überzeugt, daß sie aus der Tiefe des Wesenskerns emporsteigt und uns zum Suchen und Wachsen ermutigt. In diesem Wesenskern ist das komplette holographische Wissen enthalten: das Wissen um unseren Ursprung bis hin zum Wissen um die Möglichkeit und den Weg zur Vollendung.

Dieser «Kern» ist farbig und bei jedem Menschen so einzigartig wie sein Fingerabdruck. Die «inneren Farben» leuchten bei völliger Harmonie der Seele hell und kräftig. Das klare und kraftvolle Strahlen einerseits wie aber auch Schatten und Risse, die bei Störungen entstehen, andererseits geben dem Hellsichtigen einen direkten Einblick in das momentane Wachstum der Seele, lassen ihn deren Bedürfnisse erkennen und auf diese achten.

Die Farbheiler des Altertums fügten die fehlende Schwingung auf geistigem Wege hinzu. Dieses Wissen ist heute nur wenigen zugänglich. Vicky Wall fand mit der Aura-Soma-Therapie eine geniale Möglichkeit für den Laien, der sensibler, sensitiver und intensiver mit seiner inneren Führung kommunizieren möchte, über Farben eine neue Balance zu finden.

Nicht nur der Hellsichtige kann die Farben der Aura (oder des «Kerns») wahrnehmen, sondern jeder Mensch «weiß» auf einer unbewußten Ebene um die Bedürfnisse seiner Seele. Dieses innere Wissen löst den Impuls in uns aus, eine ganz bestimmte Farbe zu wählen, eine, die «wohl tut». Denn unser höheres Bewußtsein weiß, wer wir wirklich sind.

«Du bist die Farbe, die du wählst», sagte die Begründerin von Aura Soma und wollte damit hervorheben, daß wir uns nicht irren können, wenn wir die heilende Farbschwingung suchen, weil ein unbewußter Teil in uns absolut sicher weiß, was er jetzt benötigt.

Jede Farbtönung hat ihre eigene Wellenlänge und spezifische Energiequalität, der es möglich ist, das ganze Spektrum physischer, emotionaler, mentaler und spiritueller Ebenen zu beeinflussen und zu heilen.

In anderen Worten: Wenn ich mich mit genau der Farbschwingung aufbaue, die mein Wesenskern braucht, kann ich mich selbst besser kennenlernen, mir sozusagen selbst zuhören. Ich lerne, mein eigenes inneres Wesen besser zu verstehen und zu lieben.

«Aura Soma ist der Spiegel deiner Seele und das Wunder der Bewußtwerdung. Die Farben von Aura Soma sprechen zu meinem Wesen», sagte Vicky Wall. Wenn wir die von uns selbst gewählten Flaschen das erste Mal betrachten, schauen wir unter unsere Oberfläche, eine Selbstwahrnehmung beginnt.

Eine Möglichkeit, tiefer über mich nachzufühlen. «Welche Vorzüge habe ich?» «Welche Muster und Hindernisse?»

Jede Flasche ist ein Fenster in ein neues, erweitertes Bewußtsein. Nicht nur ein Fenster, durch das wir «normal» sehen, sondern wir erkennen etwas viel Größeres, das in seiner unsag-baren Größe nicht wirklich erfaßt, aber immerhin erahnt werden kann. Das ist ein Erkennen, das nur über das Herz gelingen kann. Es fasziniert mich immer wieder, wenn Menschen während einer Beratung zu mir sagen: «Also wissen Sie, wie können Sie das sagen? Woher wissen Sie das? Sie kennen mich doch gar nicht! Das stimmt ja alles, was Sie da sagen. Sind Sie hellsichtig?»

Meine Antwort ist immer die gleiche: «**Sie** haben die Flaschen selbst ausgewählt, ich brauche nur noch aus Ihnen zu lesen. Sie sagen sich alles, was Sie von mir hören, im Grunde selbst, denn ich übersetze Ihnen nur die Sprache der Farben, die Sie ausge-sucht haben.»

Durch den Aura-Soma-Prozeß können wir lernen, die Be-dürfnisse unserer Seele zu hören, diesen zu folgen und damit mehr Klarheit über unsere Bestimmung zu finden. Das Leben wird klarer und kraftvoller, wenn wir unsere Bestimmung er-kennen lernen und dieser in wachsendem Vertrauen folgen.

Wir haben fast alle die Tendenz, unsere Kraft an andere ab-zugeben, indem wir uns anpassen, uns klein machen und uns nichts zutrauen. Wir haben auch gelernt, erst die Verantwortung für unser Leben abzugeben und dann andere Menschen für un-sere unerfüllten Wünsche und Vorstellungen verantwortlich zu machen.

Diese Muster lösen in uns ein Gefühl des Unwohlseins, der Unzufriedenheit und der Frustration aus. Vicky Wall war der Mei-nung, das solche Gefühle ein echtes, kraftvolles Lebensgefühl ver-hindern, daß wir mit diesen Gefühlen nicht wirklich «leben», son-dern nur so tun, als ob.

Die Aura-Soma-Therapie ist wie ein Spiegel: der Spiegel der Selbsterkenntnis. Es ist eine Therapie, die eine freiwillige Ge-genüberstellung mit sich selbst bewirkt. Keine Lehre, kein Bes-serwissen, keine Theorie, sondern eine Möglichkeit, unsere eige-nen Antworten in uns selbst zu finden.

Hier ist die bewußte Entscheidung möglich: Will ich etwas ändern? Will ich so weiterleben? Was will ich wirklich in diesem

Leben für mich erreichen? Welche Erkenntnisse nehme ich mit, wenn ich eines Tages diese Erde verlasse? Eine neue Möglichkeit öffnet sich: die Liebe zu mir selbst zu finden – und somit auch für andere.

Wo liegt nun der Unterschied zwischen Aura Soma und anderen Formen der Farbtherapie? Sicher zunächst in der aufregenden Möglichkeit, in den Spiegel der Seele zu schauen und sich selbst besser zu erkennen: mein Potential, meine Hindernisse (die ich mir immer wieder selbst in den Weg stelle), meine Möglichkeiten und meine Zielvorstellungen.

Aura Soma gibt mir auch die Chance, mich täglich selbst nähren zu können, meiner Seele täglich die Schwingung anzubieten, nach der sie sich sehnt. So lerne ich nicht nur meine tiefen, seelischen Bedürfnisse kennen, sondern kann sie auch befriedigen.

Vor allen Dingen aber macht die Tatsache einen Unterschied, daß *ich selbst* mein eigener Therapeut bin, denn niemand weiß wirklich besser als ich, «was mir fehlt».

An dieser Stelle möchte ich die Grundsätze von Vicky Wall vorstellen, denen ich voll und ganz zustimme:

- Respektieren wir die Fähigkeit des Menschen, selbst zu wissen, was ihm hilft.
- Wir (Heiler, Therapeuten) helfen den Menschen nur, sich selbst besser zu verstehen.
- Der Mensch ist bei sich selbst von Anbeginn der Zeiten an – niemand anderes kann überhaupt soviel über ihn wissen wie er selbst. Die beste Führung liegt im Inneren.

Das ist für mich in kurzen Worten der rechte Zugang zu Aura Soma.

Das Aura-Soma-Heilsystem besteht aus Balance-Ölen, Pomandern, Quintessenzen, Tinkturen und kosmetischen Produkten. Vereinfacht ausgedrückt, kann man sie kurz so definieren: Mit den **Balanceölen** wirkt man zunächst direkt auf die körperliche Ebene ein; die heilsamen Schwingungen werden von dort aus auf höhere Ebenen übertragen.

Mit den **Pomandern** wirkt man auf das elektromagnetische Feld des Menschen ein, also auf seine Aura.

Die **Quintessenzen** sollen unsere subtile Wahrnehmung für Botschaften aus höheren Bewußtseinssphären öffnen.

Diese drei werden äußerlich angewandt.

Die **Tinkturen** unterstützen die äußerlich angewandte Aura-Soma-Therapie durch Einnahme.

Die **kosmetischen Aura-Soma-Produkte** nutzen die harmonisierenden Stoffe und Schwingungen zur Körperpflege.

Aufgrund meiner jahrelangen Erfahrung mit Aura Soma kann ich sagen: «Aura Soma wirkt auf wundervolle Weise! Die Lebensqualität und das Bewußtsein der eigenen Möglichkeiten wird auf eine völlig neue Art unterstützt und wächst. Die Menschen fühlen sich viel wohler und finden ihr Leben wieder schön, denn die Sichtweise verändert sich. Sie beginnen, das Bild hinter der Illusion zu sehen. Die feinstofflichen Kräfte, die in den Flaschen verborgen liegen, führen jeden, der sie ernsthaft benutzt, sanft und liebevoll in eine Bewußtseinsebene, die den individuellen Zugang zu geistigen Dimensionen ermöglicht.

Aura Soma ist eine Therapie für den Menschen, der die Verantwortung für sich selbst wieder übernimmt. Eine Kursteilnehmerin sagte zu mir: «Aura Soma macht mich fröhlich – und das gibt mir viele neue Möglichkeiten.»

Zur Aura-Soma-Praxis

Wenn Sie Aura Soma das erste Mal begegnen, lassen Sie bitte die Farbkombinationen aller 95 Balance-Flaschen auf Ihr Gefühl wirken, und wählen Sie, ganz nach ihrem inneren Bedürfnis, vier Flaschen aus.

Mitunter ist nicht mehr ganz klar erkennbar, ob wir die Flaschen wählen oder die Flaschen uns. Um sicherzugehen, daß Sie nicht mit dem Kopf wählen, vertiefen Sie sich, so gut es Ihnen möglich ist, in sich selbst. Fragen Sie sich: «Gibt es eine Flasche, die mich ruft?» Oder: «Was möchte meine Seele jetzt haben?» Oder auch: «Was tut mir gut?»

Nun haben Sie vier Farbkombinationen gewählt. Suchen Sie dann unter diesen vieren aus, und stellen Sie die Farbkombination bzw. die Flasche an die erste Stelle, die Sie unbedingt mitnehmen würden, wenn Sie jetzt auf Jahre in ein Land fahren müßten, in dem Aura Soma noch völlig unbekannt ist.

Dann stellen Sie sich vor, daß es diese erste Flasche gar nicht gäbe und wählen für die zweite Position aus den übrigen drei Flaschen wieder diejenige aus, die ihre liebste Flasche ist.

So fahren Sie fort, bis Sie ihre vier Flaschen in einer nur für Sie selbst gültigen und «richtigen» Reihenfolge vor sich stehen haben. Nun Stichworte zur Bedeutung Ihrer Wahl.

1. Farbenkombination: Ihr bereits mitgebrachtes Wissen – Ihre Lernaufgabe in diesem Leben. Was will die Seele hier auf Erden erreichen?
2. Farbenkombination: Das Potential, das Sie haben, um diese Aufgabe zu bewältigen, und die Hindernisse, die Sie im Laufe des Lebens aus dem Wege zu räumen lernen.
3. Farbenkombination: Wo stehen Sie in diesem Moment? Was haben Sie bereits erkannt und bewältigt, worauf können Sie verstärkt achten? Was sollten Sie unbedingt tun, was eher vermeiden?
4. Farbenkombination: Das nächste «Etappenziel», das sich Ihre Seele vorgenommen hat. Sie können noch einmal bewußt entscheiden, ob Sie es erreichen wollen, und wieviel Energie Sie dafür einzusetzen bereit sind.

Zusätzlich ausgewählte Pomander und Quintessenzen richten sich in der Regel nach der unteren Farbe der ersten Flasche, nach der sogenannten «Basisfraktion». Ich habe jedoch die Erfahrung gemacht, daß es hilfreicher ist, die «Riechprobe» zu machen. Wenn Ihre Nase zustimmt, können Sie ganz sicher sein, die richtigen Essenzen gefunden zu haben.

Das Ziel ist immer: Blockierungen zu lösen und die frei werdende Energie in Kraft, Freude und Glück zu verwandeln.

Hören Sie in jedem Fall auf Ihre innere Stimme – lassen Sie sich von Ihrem inneren Wissen führen. Dann werden Sie mit Sicherheit auch Erfolg in der Therapie fühlen.

Vicky Wall, die Begründerin von Aura Soma

Vicky Wall (die ich ab jetzt in diesem Buch nur kurz Vicky nennen möchte) wurde als siebtes Kind eines siebten Kindes in London geboren. Ihr Vater gehörte zu den Chassidims, einer tief religiösen Glaubensbewegung innerhalb des Judentums, die sich mit den mystischen Aspekten der Bibel befasst. Vickys Vater war Meister der Kabala und des Sohar und besaß ein tiefes Wissen von der Heilkraft der Pflanzen sowie über unzählige natürliche Heilverfahren.

Als Vicky drei Jahre alt war, starb ihre leibliche Mutter. Der Vater hatte sie, trotz aller Bemühungen, nicht am Leben erhalten können. Die Frau, die an die Stelle der Mutter trat, liebte zwar den Vater, aber nicht die Kinder. Vicky lebte viele Jahre mit einer unversöhnlichen und gefühlskalten Stiefmutter – die einzige Freude in ihrem Leben waren die sonntäglichen Spaziergänge mit ihrem heißgeliebten Vater.

Wenn die beiden allein waren, weihte der Vater seine jüngste Tochter spielerisch in die Geheimnisse der Natur ein, indem er z. B. fragte: «Welche Pflanze siehst du, die mir gegen meine Halsbeschwerden helfen würde?» Der hellsichtige Vater erkannte diese gleiche Fähigkeit bei seiner Tochter und schulte sie entsprechend. Als Vicky im Alter von acht Jahren ihren Schulkameradinnen erzählte, daß sie alle in wunderschöne, bunte Farben gehüllt seien, wurde sie ausgelacht und verhöhnt.

Weinend erzählte sie die Geschichte ihrem Vater. «Das ist unser Geheimnis, mein Kind», meinte er. «Du und ich wissen, was wir sehen. Und das, was du siehst, ist wahr. Aber die anderen können es nicht sehen. Behalte es deshalb besser für Dich.»

Das unterträgliche Verhältnis zu ihrer Stiefmutter hatte zur Folge, daß sie ihr Heim bereits im Alter von 16 Jahren verließ. Sie fand in einer anderen Familie Aufnahme, aber es brach ihr fast das Herz, daß sie, aus der Sicht des strenggläubigen Vaters, «gestorben» war. Bis zu seinem Tod sprach der Vater nie mehr von seiner Tochter, und Vicky wußte es.

Dennoch sprach Vicky immer mit tiefer Liebe von ihrem Vater – manchmal war es für ihre Zuhörer schwierig zu unterscheiden, ob sie nun ihren «himmlischen» Vater meinte oder ihren leiblichen.

Die Erfahrungen während des Krieges, Leid, Verwundung, Verzweiflung und Tod, zeigten ihr klar, wie sie das, was sie durch ihre «innere Schau», nämlich ihre Hellsichtigkeit, wahrnahm, zu deuten hatte. Sie bekam einen geistigen Überblick und erlernte die Bedeutung und die Sprache der Seelenfarben.

Das Zusammentreffen mit Edward Horsley, einem älteren Apotheker, sollte sie auf einen vorbestimmten Weg bringen. Mr. Horsley praktizierte noch die alte Kunst der Arzneimittelkunde. In seiner Apotheke fand sie Unmengen getrockneter Kräuter, und alle Arzneien wurden von Hand hergestellt. Die Lehren ihres Vaters konnte sie teilweise hier wiederentdecken und mit dem Wissen des alten Apothekers zu einem neuen Verständnis zusammenfügen. Vicky absolvierte zusätzlich eine Ausbildung als Fußpflegerin und führte ihre erste Praxis ebenfalls in der Apotheke.

Dann führte sie ein «göttlicher Schubs», wie sie es nannte, in die Grafschaft Buckinghamshire. Sie hatte dort eine freie Praxis, viel Arbeit und konnte vielen Menschen Gutes tun. Während dieser Jahre wurde sie dreimal an die Schwelle des Todes geführt, und sie überlebte nur, weil sie der Menschheit noch dienen sollte. Davon war sie fest überzeugt.

Eine neue Katastrophe stellte der plötzliche Verlust ihrer Sehkraft dar. Dies bedeutete das Ende ihrer gut laufenden Praxis und ihrer Einnahmequelle. Es kam hinzu, daß sie ihre gesamten Ersparnisse verlor, weil sie einem Betrüger ihr Geld anvertraut hatte und zu spät seine wahren Absichten bemerkte.

Aber ihr «Weg nach Damaskus» (dies waren ihre eigenen Worte) brachte ihr eine strahlende Offenbarung: die «Geburt» ihrer Farböle und Essenzen, die sie AURA SOMA nannte. Diese Öle und Essenzen erwiesen sich im Laufe der Jahre als ein wahrer Spiegel der Seele, und ihre Bestimmung wurde es, das Leben von vielen Menschen zu verändern und zu heilen. Das geschah auf recht ungewöhnliche Weise.

Vicky hatte es sich zur täglichen Freude gemacht, lange und intensiv zu meditieren. Eines Abends, als sie tief in eine Meditation versunken war, hörte sie eine Stimme, die deutlich zu ihr sagte: «Teile die Wasser, mein Kind.» Am nächsten Abend wieder das gleiche. Am dritten Abend wiederholte es sich abermals. Vicky erzählte, daß sie aufstand und in ihr Labor ging (zu dieser Zeit war sie bereits blind) und ihre Hände von einer anderen Kraft geführt wurden. An mehr kann sie sich nicht erinnern.

Als sie am nächsten Morgen die ersten Farbölflaschen, die sie später «Balance» nannte, in ihrem Labor findet, ist sie zutiefst berührt, kann aber Bedeutung und heilerische Qualität noch nicht verstehen.

Vicky Walls größtes Potential bestand darin, unerschütterlich an einen göttlichen Plan zu glauben und selbst schwere Schicksalsschläge ohne Beschwerde zu akzeptieren. Ihre Hingabe war groß, und so war sie bei der Geburt der Balance-Öle fest davon überzeugt, daß der Sinn und Zweck ihr schon noch übermittelt würden.

Als sie 1983 die Öle das erste Mal einem Publikum präsentiert und die Menschen sich zu ihren Flaschen hingezogen fühlen und sie «wie wild» kaufen, geschehen unglaubliche Spontanheilungen. Abszesse brechen auf, Migränen verschwinden, ein Hexenschuß schmerzt kaum noch, chronische Verdauungsprobleme vergehen, und das Telefon bimmelt und bimmelt. Eine wunderbare und wahrhaft wundersame Nachricht folgt der anderen.

Als Vicky 1991 stirbt, hat sie das Gefühl, ihr Leben nicht nur gelebt, sondern auch den Sinn ihres Lebens gefunden zu haben. Sie geht in dem Wissen, uns allen etwas hinterlassen zu haben, das uns bei unserer Suche nach uns selbst helfen kann. Zu diesem Zeitpunkt ist Aura Soma bereits auf allen fünf Kontinenten dieser Erde bekannt.

*D*ie Sprache der Farben

Die Farbsprache ist das Herz von Aura Soma. Die Farbe ist die Sprache der Natur. Sie ist in der Signaturenlehre der Homöopathie ebenso enthalten, wie schon Paracelsus sie gekannt und angewandt hatte. Goethe bemerkte in seiner «Farbenlehre», daß in den Farben eine Art «Sprache» verborgen liege.

Die Sprache der Farben ist nicht nur international, sondern auch universell: sie wird von allen Menschen gleich verstanden. Nehmen wir einmal die Farbe Rot. Wenn Sie «rot» sehen, ist der erste Impuls: Anregung, Aufregung, Erregung. Diese Farbempfindung ist für alle Menschen in allen Kulturen genau dieselbe. Die Sinnesempfindung durch ROT erzeugt bei jedem einen stimulierenden Reiz. Sie wirkt daher immer erregend. Diese generell gleichwertige Empfindung wird aber von den einzelnen Menschen unterschiedlich bewertet. Entsprechend seiner momentanen Verfassung wird der einzelne die Anregung mögen, sie ignorieren oder gar ablehnen. Farbe entspricht also einem Bedürfnis, einem Gefühlszustand.

Farbe ist Energie. Wissenschaftlich wird sie als eine Schwingung im elektromagnetischen Spektrum gesehen; Farben haben unterschiedliche Wellenlängen.

Rot hat z. B. (unter den sichtbaren Farben) die längste Wellenlänge und die niedrigste Frequenz von allen Farben. Wir können das vergleichen mit den hohen, großen Wellen, die zwar nicht so schnell auf den Strand zukommen, die aber eine gewaltige Kraft in sich bergen, wenn sie auf den Strand treffen. Rot ist die wärmste und energiereichste Farbe im gesamten Spektrum.

Violett ist die letzte der sichtbaren Farben. Sie hat die kürzeste Wellenlänge und die höchste Frequenz. Sie läßt sich gut mit den Wellen vergleichen, die klein sind und sich laufend am Strand brechen. Violett ist eine kalte und stark beruhigende Farbe.

Die Wirkung der Farben geht jedoch weit über Anregen oder Besänftigen hinaus. Tief in unserem Wesen ist die Fähigkeit verborgen, Farben für unser Wachstum und unsere Gesundheit, für Körper, Geist und Seele zu nutzen, um uns zu heilen und zu harmonisieren. Farbe ist nach Ansicht von Vicky Wall eine direkte Reflektion des Bewußtseins. Die Ebene unseres Bewußtseins, die die «Sprache» der Farben wahrnehmen kann, ist nicht die gleiche, die den Duft einer Blume, die Wärme der Sonne oder den Zug der Wolken wahrnimmt. «Farbvorlieben sind die Früchte unserer Taten (auch vergangener)», sagte Vicky, «sowie der Aspekt, wie wir das tun, was wir tun.»

Auch in unserer Umgangssprache drückt sich dieses Wissen aus: «rot sehen», «gelb vor Neid», «rosa-rote Brille», «blau sein» usw. In jeder Farbe ist eine Botschaft und eine Unterstützung enthalten, die wir für unser persönliches Wachstum nutzen können.

Es folgt eine kurze Übersicht über die wichtigsten Bedeutungen der Farben, die Aura Soma einsetzt. Es sind Schlüsselworte, die Ihnen die Tür zum Verständnis der Farbsprache und deren Heilwirkung zunächst ein wenig öffnen sollen. Ein tieferes Verständnis gelingt Ihnen bei der Beschäftigung mit den einzelnen Balance-Flaschen oder aber in einer weiterführenden Ausbildung.

Rot: Lebensergie, Willenskraft, Durchsetzungskraft, Passion, die materielle Seite des Lebens.
Körperlich: Arterielles und venöses System, Eisenmangel, Hormone, Bezug zur Leber.
Lernaufgabe: Ärger, Frustration, Ressentiments abzubauen. Die in diesen Gefühlen verborgene Kraft positiv nutzen zu lernen.

Rosa: wahre Liebe, die keine Bedingungen stellt. Wärme, beschützen wollen, Zärtlichkeit, Wunsch nach Harmonie, besänftigend, beruhigend.
Körperlich: Uro-Genital-Trakt, Herz, Schädel.
Lernaufgabe: eigenes Bedürfnis nach Liebe; lernen, Liebe anzunehmen.

Korall: die Weisheit, sich selbst und andere gleichermaßen zu lieben, Interesse am Gemeinwohl.
Körperlich: Lösung von Geburtstraumata, endokrines System, hormonelles Gleichgewicht.
Lernaufgabe: unerwiderte Liebe lösen, Abhängigkeiten lösen.

Orange: Öffnung, Hingabe, Lebensfreude, tiefe Einsichten, Mut und Erdverbundenheit.
Körperlich: nach Schocks aller Art, Milz, Galle, Niere, Hormone.
Lernaufgabe: sich von Süchten und Ängsten lösen, innerlich frei werden.

Gold: tiefes inneres Wissen, Weisheit, innere Reife, tiefe Freude, den Selbstwert erkennen.
Körperlich: Wirbelsäule, Nerven, chronische Hauterscheinungen, Regeneration, Entspannung.
Lernaufgabe: Selbstzweifel und unbegründete Ängste auflösen, Konfusion in Klarheit verwandeln.

Gelb: Kraft, Freude, Fröhlichkeit, Heiterkeit und Leichtigkeit, Anhäufen von Wissen, Selbstbewußtsein, Gelassenheit.
Körperlich: Entgiftung, Reinigung, Nerven, Haut, Magen, Leber, Pankreas, Nieren.
Lernaufgabe: Furcht und Angst begegnen und auflösen. Die Kontrolle aufgeben. Zynismus in Verständnis wandeln.

Olive: Fähigkeit, über sich selbst zu lachen, Harmonie zwischen Intellekt und Emotionen, Balance zwischen Eigen- und Nächstenliebe.

Körperlich: Thymus, Katarrhe, Spasmen, bei Übersäuerung, Dickdarm.
Lernaufgabe: die eigene Kraft erfahren und Führungsqualitäten leben.

Grün: Harmonie und Gleichgewicht, Vertrauen und Hoffnung, die Gefühlsseite des Lebens, sich Raum geben, das Herz offen haben, Gelassenheit und Ruhe; Wahrheitssucher.
Körperlich: Desinfektion, Lunge, Bronchien, Herz, Verstopfung, allgemeine Stockung («Stase»).
Lernaufgaben: Entscheidungen treffen lernen, Neid und Eifersucht überwinden, sich selbst mehr Raum zugestehen.

Türkis: Kommunikation mit vielen Menschen, Kommunikation der eigenen Gefühle, Idealismus und Unabhängigkeit, Kreativität, Leichtigkeit und Einfachheit, Spontaneität.
Körperlich: Kreislauf, Thymus, schwankende Körpertemperatur, Schulter-Arm-Syndrom rechts.
Lernaufgabe: Emotionen nicht länger unterdrücken und Gefühle ausdrücken; wagen und vertrauen.

Blau: Frieden, Ruhe, das mütterliche Nähren ebenso wie der Schutz des Vaters, Autorität, Kommunikation, Distanz zu Gefühlen, klarer Verstand.
Körperlich: entzündungshemmend und beruhigend, Schilddrüse, Hals-, Nasen- und Rachenraum.
Lernaufgabe: die eigene Autorität anerkennen lernen, Schwierigkeiten mit dem männlichen Prinzip erkennen und verwandeln.

Königsblau: Ruhe, tiefer Frieden, Schutz, Klarheit in allen Sinnesorganen, Fähigkeit zu medialer Wahrnehmung, das Durchdringen des Alltäglichen.
Körperlich: Augen, Ohren, Nase, Zirbeldrüse, Nervenschilddrüse, «erste Hilfe», stark entspannend.
Lernaufgabe: die Dinge akzeptieren, wie sie sind, Isolation aufgeben, von der Verzweiflung ins Vertrauen kommen.

Violett: Heilung der Seele, Transformation, Hingabe an den Geist, Opferbereitschaft für den Frieden, geistige Freiheit, Vervollständigung und Erfüllung.

Körperlich: Abbau von Streß, Beruhigung, Hypothalamus, Ansammlung von Flüssigkeit («Liquor»), Gehirn, für Kinder beim Zahnen.

Lernaufgabe: lernen, mit der materiellen Seite des Lebens ins Einklang zu kommen, das Leben bejahen und auch genießen lernen, Trauer verarbeiten, Schmerz verstehen und akzeptieren.

Magenta: spirituelle Liebe, tiefes Empfinden der Liebe und die Fähigkeit, Liebe zu geben. Die Liebe zu den kleinen Dingen des Lebens entdecken und Freude daraus schöpfen. Hohe Intuition und Kreativität.

Körperlich: generell heilende Farbe, der Heiler der Heiler. Hormone, Geschlechtsorgane, beide Gehirnhälften, Hypophyse und Epiphyse.

Lernaufgabe: mit der eigenen Lebensaufgabe in Kontakt kommen, Liebe auch außerhalb der menschlichen Ebene suchen (und finden).

Klar (weiß): übertriebene Erwartungen loslassen, Entscheidungshilfe, der Mut, sich selbst im Spiegel zu begegnen und seine nicht gewollten Seiten zu sehen und zu akzeptieren.

Körperlich: reinigend und entgiftend, unterstützt den Körper, vermehrt Wasser bzw. Schleim auszuscheiden; besonders hilfreich nach Fastenkuren.

Lernaufgabe: Möglichkeit, die eigene Energie zu erhöhen; Vergangenes loslassen und in eine neue, innere Klarheit gelangen.

Rosenpink: Wahrheit und Verständnis dafür entwickeln, was Liebe wirklich ist.

Körperlich: Wirkung wie rosa, nur etwas intensiver.

Lernaufgabe: wie rosa.

Purpurmagenta: eine sehr tiefe Ebene der Ruhe, losgelöst von Illusionen.

Körperlich: Wirkung wie bei Magenta, nur intensiver.
Lernaufgabe: aus der Finsternis ins Licht gelangen.

Einige ergänzende Bemerkungen: Selbstverständlich hat jede Farbe eine sogenannte «positive» und auch eine «negative» Bedeutung, wie alles in unserer irdischen Lebensdimension doppelpolig ist.

Von meinem geistigen Lehrer, einem Kahuna-Heiler aus Hawaii, habe ich gelernt, das Positive zu würdigen und zu vermehren, indem ich es gedanklich unterstreiche, es deutlich ausspreche, es segne und meine Aufmerksamkeit darauf ausrichte. Durch diese «Technik» verstärke ich das Positive, denn das ist es ja auch, was ich wirklich möchte.

In diesem Buch folge ich bewußt diesem Prinzip und gebe deshalb auch keine «negativen» Bedeutungen an, denn es geht ja gerade darum, diese aufzulösen.

In der täglichen Praxis kann ich immerfort beobachten, wie unser «Programm» eingestellt ist. Wir haben eine fatale Tendenz, uns mit dem Negativen mehr zu beschäftigen und uns mehr darauf zu konzentrieren, was wir loswerden wollen, als uns auf das auszurichten, was wir erreichen wollen. Wir wollen immer «gegen» etwas aktiv sein – gegen die Angst, gegen die Schmerzen, gegen den schlechten Magen – und nicht «für» etwas – für die Gesundheit, für die innere Freiheit, für einen gesunden Magen usf.

Beginnen wir also damit, das Positive zu verstärken – dann kann sich vieles zum Positiven hin verändern, denn unsere Energie folgt immer der Aufmerksamkeit.

Was bedeutet «Balance»? Wie wirkt sie?

Das Herzstück der gesamten Aura-Soma-Therapie sind die 95 farbigen «Balance»-Flaschen. Vicky sagte: «Sie sind Licht, das in die Materie gebracht ist.»

In jeder Flasche finden wir zwei übereinanderliegende bzw. schwimmende Ebenen, die sich nicht vermischen. Die obere Schicht besteht aus einer öligen Lösung, die untere aus einer wässerigen Lösung.

Die obere Schicht bezieht sich auf das, was in unserem Bewußtsein bekannt ist, die untere Schicht spricht über das «noch Unbewußte», das es zu entdecken und zu leben gilt.

Die Balance-Flaschen im Aura-Soma-System symbolisieren das heilende Gleichgewicht zwischen bewußten und unbewußten Ebenen. Sie wirken mit der ihnen eigenen feinstofflichen Lichtenergie und den in ihnen enthaltenen Substanzen schützend, harmonisierend und vitalisierend für die gesamte Persönlichkeit, für Körper, Geist und Seele.

Das für die untere Schicht verwendete Wasser wird durch hochentwickelte technische Verfahren zu einer optimalen Reinheit gebracht. Ein paar Tropfen aus der sogenannten Gralsquelle in England, «Chalice-Well» genannt, werden hinzugefügt, um die Schwingung der Trägerflüssigkeit zu erhöhen.

Um die außergewöhnlichen und dennoch völlig natürlichen Farben zu erhalten, werden wässerige Anteile von Pflanzen hinzugefügt (alle biologisch angebaut), besonders auch von Gemüsen, Kräutern und Baumrinden.

Die Grundsubstanz für die obere Schicht, die ölige Lösung, enthält zu einem großen Anteil Distelöl und einige weitere, ätherische Öle, die im einzelnen nicht genannt werden.

Hinzugefügt werden wiederum ölige Pflanzenauszüge bzw. Pflanzenanteile, welche die gewünschte Farbe ergeben.

Die ebenfalls enthaltenen Schwingungen von Mineralien und Edelsteinen werden noch zusätzlich aufgeschwungen. Dies geschieht mit Hilfe von kabbalistischen Anrufungen.

Der Inhalt der Balance-Flaschen wird direkt auf den Körper aufgetragen. Die Wirkung auf der Haut ist besonders intensiv, weil durch das Verschütteln der beiden Ebenen vor der Verwendung eine stark feuchtigkeitshaltige Emulsion entsteht, die von der halbdurchlässigen Membran der Haut am besten aufgenommen werden kann.

Alle Inhaltsstoffe der Flasche beeinflussen direkt das elektromagnetische Feld der Körpers, ziehen in die Haut ein und erreichen von dort die Lymphe, den Blutkreislauf, Drüsen, Organe und Nerven sowie alle Zellen des Körpers.

Jene Regionen des Körpers, welche die aufgetragene Schwingung am stärksten benötigen, werden diese auch am meisten anziehen, denn es gilt das Gesetz: Alles geht an den Ort des geringsten Widerstandes.

Da wir Lichtwesen sind, wie Vicky sagte, haben wir die größten Heilungschancen, wenn wir die uns fehlenden Frequenzen von Licht und Farbe wieder zu uns kommen lassen. Auf diese Weise setzt die Heilung ein. Schutz, Hingabe und Meditation sind für Vicky die drei Pfeiler der dauerhaften Heilung.

Es ist wichtig, an dieser Stelle zu bemerken, daß bei den ersten Anwendungen durchaus starke und manchmal auch unerwünschte Reaktionen auftreten können, wie sie aus der Homöopathie ebenfalls bekannt sind. Das sind Erstreaktionen, die einen Heilungsprozeß in Gang setzen und daher eine positive Antwort auf die Farbschwingung darstellen, auch wenn das subjektive Empfinden vielleicht Schmerz oder Unwohlsein sein mag.

Die Balance-Flaschen beziehen sich in erster Linie auf die körperliche Ebene. Sie werden der Einfachheit halber kurz mit B und der Nummer der entsprechenden Flasche bezeichnet.

Anwendung der Balance-Flaschen

Um die wässerige und ölige Lösung zu einer Emulsion zu verschütteln, nehmen Sie bitte zunächst die Kappe vom Fläschchen ab und halten sie das Fläschchen dann in der linken Hand. Legen Sie den Mittelfinger auf die Flaschenöffnung, Zeige- und Ringfinger liegen rechts bzw. links auf dem Flaschenhals. Der Daumen greift unter die Flasche.

Schütteln Sie die Flasche kräftig, bis sich die beiden Ebenen vermischt haben. Durch das Schütteln geben wir unser individuelles elektromagnetisches Feld auf den Flascheninhalt und fügen so unsere Schwingung zu derjenigen der Flasche hinzu. Durch diesen Vorgang wird es die individuelle Flasche desjenigen, der sie geschüttelt hat. (Sie ist dann nicht mehr übertragbar bzw. von einem anderen Menschen sinnvoll anwendbar!)

Dann gießen Sie sich ein paar Tropfen (bei Bedarf auch mehr) in die linke Handfläche, reiben beide Hände gegeneinander und bringen Ihre Hände auf die Stellen Ihres Körpers, die Sie behandeln wollen. Reiben Sie die Haut gut ein und bedenken Sie, daß «viel» nicht immer viel hilft. Sie benötigen nur einen dünnen Hauch auf der Haut, um bereits eine Wirkung zu erzielen. Und immer rund um den Körper – also vorne und hinten!

Die Balance-Öle werden in der Regel zweimal täglich aufgetragen, am besten morgens und abends.

Wenn Sie einmal für einen anderen Menschen die Flaschen schütteln müssen (in Notfällen oder auch für kleinere Kinder), dann legen Sie bitte Ihre rechte Hand auf die Schulter der Person, für die Sie schütteln, und verschütteln wie gewohnt mit Ihrer linken Hand die beiden unterschiedlichen Schichten der Flasche. Verfahren Sie dann, wie oben beschrieben.

Allgemeine Richtlinien für die Anwendung von Farben

In der Regel wenden Sie die Farben in folgenden Regionen an:

Rot | aufwärts bis Bauchnabel
Orange | Unterbauch bis Solarplexus
Gelb | Solarplexus bis Magen und Brustbein
Grün | Herz- und Lungenbereich bis Hals
Blau | Hals- und Nackenbereich, Nase, Kopf
Königsblau | Stirn, drittes Auge
Violett | Schädeldecke
Rosa | Uro-Genital-Trakt, Schädeldecke

Besondere Zusammenstellungen von Balance-Flaschen

Wenn Sie sich nicht gleich das doch recht große, komplette Set zulegen wollen, stehen Ihnen verschiedene kleinere Versionen zur Verfügung, die ebenfalls sehr hilfreich sind.

Ich erwähne sie in der Reihenfolge, wie sie von den Patienten am häufigsten gewünscht werden.

Sie können sich aber auch mit Hilfe des beigefügten Posters, auf dem alle Farben so getreu abgebildet sind, wie es die heutige Drucktechnik erlaubt, ihre ganz individuelle Vorauswahl treffen.

Notfall-Set

Die wichtigsten Notfall-Flaschen gibt es wegen der Handlichkeit auch in 25-ml-Plastik-Fläschchen, die Sie gut bei sich tragen können. Es sind:

Balance-Öle B 1, B 20, B 26
Pomander 01 (weiß), 03 (tiefrot), 05 (orange)
Tinktur T 01 (weiß), T 12 (violett).
Mit dieser Auswahl sind Sie für den Notfall gut ausgerüstet.

Chakra-Set

Wenn Sie gern meditieren oder auch nur ganz ohne bestimmte Absicht in der heilenden Schwingung der Flaschen sein möchten, empfiehlt sich zu Beginn dieses spezielle Set, das geschaffen wurde, um Chakren auszugleichen und in Harmonie zu erhalten.

Es besteht aus:
B 5 (1. Chakra)
B 26 (2. Chakra)
B 4 (3. Chakra)
B 3 (4. Chakra)
B 2 (5. Chakra)
B 1 (6. Chakra)
B 20 (7. Chakra)
Sie stellen diese Flaschen am besten auf einen Ständer übereinander und verändern die jeweilige Position der Flaschen untereinander ganz nach Ihrem Gefühl. Dieses leitet Sie immer richtig, und Sie werden die ausgleichende Wirkung der Flaschen sicher sehr bald wahrnehmen können.

Kinder-Set
Es kann wohl für Kinder recht hilfreich sein. In meiner Praxis ziehe ich es allerdings vor, die Kinder selbst unmittelbar wählen zu lassen. In den meisten Fällen wählen die Kinder nicht die unten genannten Flaschen. Ich erwähne das sogenannte Kinder-Set der Vollständigkeit halber aber dennoch.
Es besteht aus: B 11, B 12, B 13, B 14, B 15.
Wenn Sie es sich besorgen möchten, erscheint es mir sinnvoll, das Kind bei der Entscheidung mit einzubeziehen.

Die 95 Aura-Soma-Balance-Farböle, mit Fallbeispielen

Lesehilfe für die Auflistung der 95 Aura-Soma-Flaschen

Die Hinweise zu den 95 Flaschen mit den «Balance-Ölen» folgen auf den nächsten Seiten. Oben finden Sie die jeweilige Nummer. Manche Flaschen sind zusätzlich als «Hauptmittel» ausgewiesen; diese Einordnung hat sich aus meiner langjährigen Praxis ergeben und soll dazu beitragen, daß sich Laien in der Vielzahl der Flaschen besser zurechtfinden. Danach lesen Sie die Farbbezeichnung der jeweiligen Flasche, und zwar geteilt nach der oberen Ebene des Bewußtseins und der unteren Ebene des Unbewußten. Es folgen die wichtigsten Eigenschaften, Hinweise zur körperlichen Anwendung, ein Fallbeispiel aus meiner Praxis bei den wichtigen Hauptmitteln sowie die Entsprechungen der jeweiligen Flasche zu anderen Naturheilverfahren, soweit vorhanden.

Die körperliche Anwendung bezieht sich darauf, daß Sie die verschüttete Emulsion direkt auf den Körper auftragen können. Entsprechungen habe ich aufgeführt, soweit sie mir aus der Praxis als wirklich zutreffend bekannt sind und soweit ich erfahren habe, daß die jeweiligen Mittel sich sinnvoll ergänzen.

Der Hinweis auf die Entsprechungen zu den Kahuna-Essenzen beziehen sich auf die hawaiianischen Harmoniemittel, über die ich ausführlich in meinem Buch «Das Handbuch der Kahuna-Medizin» (siehe auch Anhang) berichte.

Nummer 0, Hauptmittel

Name der Flasche: Spirituelle «Notfall-Flasche»
Farbe obere Ebene: Königsblau
Farbe untere Ebene: Purpurmagenta

Wichtigste Eigenschaften: Für Menschen, die im Schlaf «Heilarbeit» leisten. Regt die Inspiration an. Bringt uns in Kontakt mit der eigenen Kraft. Bringt mehr Freude und Licht ins Leben. Absorbiert die Schwere bei tiefer Trauer, Verzweiflung und Hoffnungslosigkeit. Bei emotionalen Notfällen.

Empfohlene körperliche Anwendungen: Sehr hilfreich bei chronischen Kopfschmerzen, Migräne, innerer Unruhe, heftigen Wehen, schweren Verletzungen, entzündlichen Zuständen.
Wo auftragen? Haaransatz, Ohren, allgemein überall.

Fallbeispiel: Erna, 48, liegt mit Venenentzündung seit zwei Wochen im Bett. Die B 0, verbunden mit ihrer ärztlichen Medikation, bringt rasche Besserung. Die körperlichen Beschwerden heilen jetzt schneller, und ihre seelische Verfassung stabilisiert sich. Sie kann ihre Erkrankung verstehen und erkennen, mehr auf sich zu achten.

Erprobte Entsprechungen
Bachblüten: Rescue
Homöopathie: Aesculus D 4
Kahuna-Essenzen: Noni

Nummer 1, Hauptmittel

Name der Flasche: Körperliche Notfall-Flasche
Farbe obere Ebene: Blau
Farbe untere Ebene: Purpurmagenta

Wichtigste Eigenschaften: Hilft, den Sinn des eigenen Lebens zu finden, die eigenen Ideale zu leben, in Krisensituationen einen klaren Kopf zu behalten, die innere Kraft zu mobilisieren. Konzentrationsfähigkeit. Für jede überaktive Situation, jeden schmerzhaften Zustand. Bei akuten und entzündlichen Prozessen.

Empfohlene körperliche Anwendungen: Bei allen Schmerzen, besonders bei Rückenschmerzen, Bluthochdruck, Blasenentzündungen, Durchfall, Ischias, Bronchitis, zur Unterstützung des Immunsystems, bei Sinusitis, Verbrennungen, akuten Verletzungen aller Art.
Wo auftragen? An der schmerzenden Stelle, Kopfbereich, Hals, Ohren.

Fallbeispiel: Jutta, 41, Laborantin, arbeitet im Stehen, hat seit Jahren stechende Rückenschmerzen. Denkt daran, den Beruf aufzugeben. Nach zwei Wochen Behandlung mit der B 1 sind alle Schmerzen verschwunden. Heute, nach einem Jahr, immer noch symptomfrei.

Erprobte Entsprechungen
Bachblüten: Rescue
Edelsteine: Malachit
Homöopathie: Strontium carb. D 6/D 12
Kahuna-Essenzen: Awa

Nummer 2, Hauptmittel

Name der Flasche: Friedens-Flasche
Farbe obere Ebene: Blau
Farbe untere Ebene: Blau

Wichtigste Eigenschaften: Hilft, inneren Frieden zu finden und diesen anderen Menschen mitzuteilen. Unterstützt Kreativität, hilft zu kommunizieren, sich auszudrücken. Filtert negative Energien aus. Schützt; hilft Streß abbauen. Während der Schwangerschaft unterstützend. Auch bei Ängsten, Konzentrations- und Sprachschwierigkeiten; unterstützt Intuition.

Empfohlene körperliche Anwendungen: Infektionen aller Art, Zahnen der Kinder und Kinderkrankheiten, Ausgleich des hormonellen Systems, besonders hilfreich bei Schilddrüsenproblemen.
Wo auftragen? Vom Schlüsselbeinbereich aufwärts bis zum Haaransatz.

Fallbeispiel: Frieda, 56, soll an der Schilddrüse wegen diverser «kalter Knoten» operiert werden. Sie hat Angst. Drei Monate trägt sie täglich mehrmals die B 2 auf den Halsbereich auf. Bei der Nachkontrolle sind die Knoten so klein geworden, daß die Operation nicht vorgenommen wird.

Erprobte Entsprechungen
Edelsteine: Amethyst
Aromatherapie: Salbei
Bachblüten: Pine, Crab Apple

Nummer 3, Hauptmittel

Name der Flasche: Herz-Flasche
Farbe obere Ebene: Blau
Farbe untere Ebene: Grün

Wichtigste Eigenschaften: Hilft uns, miteinander von Herz zu Herz zu sprechen. Hilft, die innere Wahrheit zu erkennen. Ermuntert, sich mehr Raum für sich selbst zu nehmen, der Wahrheit des Herzens Raum zu geben. Frieden im Bewußtsein finden. Es gibt nur eine Stimme, die ich hören möchte: die Stimme meines Herzens. Beseitigt emotionale Schwierigkeiten, Depressionen.

Empfohlene körperliche Anwendungen: Herzbeschwerden aller Art, Asthma, chronische Bronchitis, Hautausschlag im Brustbereich, Angina pectoris, Bechwerden am Zwerchfell.
Wo auftragen? Über den gesamten Brustbereich, vom Ansatz der Rippen bis zu den Schlüsselbeinen.

Fallbeispiel: Gerd, 55 J., Direktor, klagt über Herzflattern, nervöse Unruhe und Schlafstörungen. Befürchtet einen Herzinfarkt, ist völlig überlastet. Zweimalige Anwendung täglich bringt deutliche Besserung, die sich über drei Monate deutlich stabilisiert. Er nimmt sich mehr Raum für Privates und fühlt sich insgesamt stabil und leistungsstark. Keine Unruhe mehr.

Erprobte Entsprechungen
Bachblüten: Gorse, Heather
Edelsteine: Smaragd
Aromatherapie: Lavendel, Majoran, Melisse, Ylang Ylang

Nummer 4, Hauptmittel

Name der Flasche: Sonnen-Flasche
Farbe obere Ebene: Gelb
Farbe untere Ebene: Gold

Wichtigste Eigenschaften: Besonders geeignet für diejenigen, die stark intellektuell begabt sind, jetzt aber mehr Wissen aus der Tiefe schöpfen wollen. Erhöht die Wahrnehmung. Fördert die Fähigkeit, «leicht» durchs Leben zu gehen, ohne oberflächlich zu sein. Fördert Autorität und Organisationstalent. Hilft, Ideen ins Konkrete zu übertragen.

Empfohlene körperliche Anwendungen: Verstopfung, Blähungen, Darmverwachsungen (Divertikel), Arthritis, Rheumatismus, Wechseljahrs-Beschwerden, sehr gut für die Nerven im allgemeinen, Diabetes, Phobien aller Art.
Wo auftragen? Grundsätzlich im Bereich des Sonnengeflechts, rund um den Körper. Bei Bedarf dem eigenen Gefühl folgen.

Fallbeispiel: Johanna, 56, klagt über unerträgliche Hitzewallungen, die mit den Wechseljahren zusammenhängen. Sie will keine Hormone nehmen. Sie trägt sechs Monate zweimal täglich die B 4 auf ihren gesamten Körper auf, die Hitze läßt nach, nach neun Monaten tritt sie nur noch ganz selten auf. Johanna ist glücklich darüber.

Erprobte Entsprechungen
Bachblüten: Holly
Edelsteintherapie: Peridot (Olivin)
Aromatherapie: Fenchel, Muskatellersalbei, Salbei
Kahuna-Essenzen: Awa, Noni.

Nummer 5, Hauptmittel

Name der Flasche: Sonnenaufgangs-/Sonnenuntergangs-Flasche
Farbe obere Ebene: Gelb
Farbe untere Ebene: Rot

Wichtigste Eigenschaften: Bringt die Dinge des täglichen Lebens in Gang; bewußtes Umgehen und Einsetzen der geistigen Kräfte, bringt Freude ins Leben, Lebensbejahung und Dynamik, Zufriedenheit, mit dem täglichen Leben gut zurechtzukommen. Bringt unterdrückte Gefühle hoch (Wut, Ärger usf.), energetisiert.

Empfohlene körperliche Anwendungen: Probleme des Uro-Genital-Traktes (Frigidität, Impotenz, Unfruchtbarkeit, Uterusprobleme, Menstruationsstörungen), Darm- und Blasenbeschwerden, Nierenprobleme.
Wo auftragen? Im gesamten Unterbauchbereich.

Fallbeispiel: Christine, 29 J., wünscht sich sehnlichst ein Kind. Seit Jahren ohne Erfolg. Sie behandelt sich und ihren Freund mit der B 5 in der festen Überzeugung, endlich «das Richtige» gefunden zu haben, zweimal täglich. Nach 15 Monaten ruft sie an und berichtet, im dritten Monat schwanger zu sein. Das Baby ist heute zwei Jahre alt.

Erprobte Entsprechungen
Bachblüten: Chestnut Bud
Edelsteintherapie: Olivin
Aromatherapie: Citronella, Eisenkraut, Lavendel Lemongrass, Zitrone
Kahuna- Essenzen: Awa

Nummer 6

Name der Flasche: Energie-Flasche
Farbe obere Ebene: Rot
Farbe untere Ebene: Rot

Wichtigste Eigenschaften: Sehr stark energetisierend. Nach meinen Erfahrungen meist zu stark wirkend. Empfehlung: B 5 wirkt konstanter.

Empfohlene körperliche Anwendungen: Bei hochgradiger Energielosigkeit (in Absprache mit dem Therapeuten!).
Wo auftragen? Von den Füßen aufwärts bis zum Bauchnabel.

Nummer 7

Name der Flasche: Der Garten von Gethsemane
Farbe obere Ebene: Gelb
Farbe untere Ebene: Grün

Wichtigste Eigenschaften: Gegen Verkrampfungen aller Art.

Empfohlene körperliche Anwendungen: Wirkt abführend, entgiftend.
Wo auftragen? Im Herz- und Solarplexusbereich.

Nummer 8

Name der Flasche: Anubis
Farbe obere Ebene: Gelb
Farbe untere Ebene: Blau

Wichtigste Eigenschaften: Fördert die Erkenntnis des «Kopfmenschen», ob sein Leben wirklich der inneren Bestimmung entspricht.

Empfohlene körperliche Anwendungen: Senkt Adrenalinspiegel.
Wo auftragen? Auf den gesamten Rumpf.

Nummer 9

Name der Flasche: Das Herz im Herzen
Farbe obere Ebene: Türkis
Farbe untere Ebene: Grün

Wichtigste Eigenschaften: Die Wahrheit des eigenen Herzens finden.

Empfohlene körperliche Anwendungen: Beschwerden im Brustbereich.
Wo auftragen? Brust- und Lungenbreich

Nummer 10, Hauptmittel

Name der Flasche: Geh und umarme einen Baum!
Farbe obere Ebene: Grün
Farbe untere Ebene: Grün

Wichtigste Eigenschaften: Entscheidungshelfer, besonders vor einem wichtigen Entschluß. Harmonisiert und zentriert. Bringt uns in Einklang mit dem Leben, hilft, auch Verluste zu verstehen. Zuhören lernen, sich selbst gegenüber ehrlich sein, auf das eigene Herz hören.

Empfohlene körperliche Anwendungen: Ein hervorragendes Stärkungsmittel: löst Spannungen, bildet Muskeln und Gewebe, unterstützt das Blut und das Kreislaufsystem. Sehr hilfreich nach Operationen, besonders von Krebspatienten. Bringt unter Umständen Harmonie in wuchernde Zellen. Ausgezeichnet auch nach Erschöpfung, Krankheit und Gefühlsausbrüchen.
Wo auftragen? Im gesamten Brust- und Lungenbereich bzw. an Operationsnarben und in deren Region.

Fallbeispiel: Angélique ist frisch operiert. Es geht ihr schlecht. Diagnose: Krebs. Sie selbst wählt die B 10. Wider Erwarten geht es ihr von Tag zu Tag besser, sie schöpft neuen Mut, erholt sich. Nach zwei Jahren keine Wiederkehr des Krebses. Sie ist wieder arbeitsfähig und liebt ihr Leben.

Erprobte Entsprechungen
Bachblüten: Agrimony, Cerato
Edelsteintherapie: Bergkristall
Aromatherapie: Geranie, Rosenholz, Rosmarin
Homöopathie: Kalium carb. D 6, Kalium phos. D 6, Causticum Hahnem. D4
Kahuna-Essenzen: Awa

Nummer 11, Hauptmittel

Name der Flasche: Essener Flasche
Farbe obere Ebene: Klar
Farbe untere Ebene: Pink

Wichtigste Eigenschaften: Bringt Selbstliebe, hilft Selbstzweifel und mangelndes Selbstwertgefühl abbauen, schenkt Vertrauen und Klarheit. Hilft dabei, eine traumatische Kindheit zu überwinden. Fördert das Wachstum von Wärme, Zärtlichkeit und Mitgefühl in uns. Ebenso eine Flasche, die bei Therapieresistenz eingesetzt wird, um Reaktionen in Gang zu setzen. Geben und nehmen lernen. Wirkt gegen Aggressionen.

Empfohlene körperliche Anwendungen: Wohltuend und unterstützend bei allen psychosomatischen Krankheiten, hilfreich bei sexuellen Problemen aller Art sowie bei hormonellen Störungen (auch bei Menstruationsbeschwerden). Für Kinder: bei Ohrproblemen.
Wo auftragen? Im Unterbauchbereich, untere Rückenpartie, auf dem gesamten Körper, je nach Bedarf.

Fallbeispiel: Ernst, 34 J., konnte seine Kindheit nicht überwinden. Er war von seinem Vater fast täglich geschlagen worden. Sein Lebensgefühl war Angst. Mit der B 11 war er erstmals bereit, an sich zu arbeiten. Nach 15 Monaten intensiver Therapie ist er ein Mann geworden, der sein Leben «anpackt». Er hat keine Angst mehr vor seinem Vater – auch nicht vor seinem Leben.

Erprobte Entsprechungen
Bachblüten: Rescue, Rock Rose, Wild Oat, Mimulus, Star of Bethlehem
Kahuna-Essenzen: Essiac

Nummer 12

Name der Flasche: Friede in der Neuen Zeit
Farbe obere Ebene: Klar
Farbe untere Ebene: Blau

Wichtigste Eigenschaften: Verleiht mehr Zielstrebigkeit, für Kinder, die mit dem Sprechen Probleme haben. Friedliche Kommunikation.

Empfohlene körperliche Anwendungen: Wirkt schmerzlindernd.
Wo auftragen? An der schmerzenden Stelle, speziell im Halsbereich.

Nummer 13

Name der Flasche: Veränderung in der Neuen Zeit
Farbe obere Ebene: Klar
Farbe untere Ebene: Grün

Wichtigste Eigenschaften: Die Vergangenheit loslassen, Neubeginn.

Empfohlene körperliche Anwendungen: Asthma und Ekzeme bei Kindern.
Wo auftragen? Im Herz- und Lungenbereich, in der Region des Ekzems.

Nummer 14

Name der Flasche: Weisheit des Neuen Zeitalters
Farbe obere Ebene: Klar
Farbe untere Ebene: Gold

Wichtigste Eigenschaften: Hilft Ängste zu lösen, die klares Denken behindern. Hilft zu lernen, Ziele nicht zu hoch stecken.

Empfohlene körperliche Anwendungen: Gleicht die Leberfunktion aus.
Wo auftragen? Im gesamten Solarplexusbereich.

Nummer 15

Name der Flasche: Heilung im Neuen Zeitalter
Farbe obere Ebene: Klar
Farbe untere Ebene: Violett

Wichtigste Eigenschaften: Verhilft zu Ruhe, Klarheit und Urteilsvermögen (auf allen Ebenen). Schützt Kinder vor Suchtverhalten.

Empfohlene körperliche Anwendungen: Lindert Hyperaktivität, Stottern.
Wo auftragen? Vorzugsweise im gesamten Kopfbereich.

Nummer 16, Hauptmittel

Name der Flasche: Das violette Gewand
Farbe obere Ebene: Violett
Farbe untere Ebene: Violett

Wichtigste Eigenschaften: Beschützend und sanft heilend. Hilfreich bei Trauerarbeit, fördert das Erkennen der eigenen Lebensaufgabe, vertieft Meditationen. Hilft dabei, alte Muster abzubauen. Beschützt Kinder.

Empfohlene körperliche Anwendungen: Behutsames Heilen von Neuralgien sowie Entzündungen im allgemeinen. Mildert akute Schmerzen, besonders Kopfweh und Migräne; gut bei Schlaflosigkeit.
Wo auftragen? Im Kopfbereich, um den Haaransatz sowie in den schmerzenden Regionen.

Fallbeispiel: Clara, 49 J., verliert ihren 18jährigen Sohn. Nach ihren eigenen Aussagen verändert sich ihre Einstellung zu seinem Tod mit dem Auftragen der B 16. Sie erkennt nach und nach, daß sein Weg auf dieser Erde beendet war und sie dennoch die geistige Verbindung zu ihm aufrechterhalten kann. «Er ist nicht ‹weg›», sagt sie, «eben nur ‹woanders›.»

Erprobte Entsprechungen
Bachblüten: Olive, Wild Rose, Willow
Edelsteintherapie: Granat, Saphir
Homöopathie: Chamomilla D 30, Gelsemium D 4, Hypericum D 3
Aromatherapie: Basilikum, Rose, Schafgarbe
Kahuna-Essenzen: Awa, Noni

Nummer 17

Name der Flasche: Troubador-Flasche
Farbe obere Ebene: Grün
Farbe untere Ebene: Violett

Wichtigste Eigenschaften: Stärkt Vertrauen und Hoffnung, lindert Zweifel, erweitert den geistigen Rahmen. Erhöhtes Wahrnehmungsvermögen.

Empfohlene körperliche Anwendungen: Gut für alle psychosomatischen Krankheiten, besonders in Verbindung mit B 11 (B 17 tagsüber, B 11 nachts), sowie bei manischen Depressionen.
Wo auftragen? Je nach Bedarf im Brust- bzw. Kopfbereich.

Erprobte Entsprechungen
Bachblüten: Walnut, Wild Oat
Edelsteintherapie: Obsidian
Kahuna-Essenzen: Awa

Nummer 18, Hauptmittel

Name der Flasche: Ägyptische Flasche
Farbe obere Ebene: Gelb
Farbe untere Ebene: Violett

Wichtigste Eigenschaften: Spornt an, auf die eigene Intuition zu hören. Die innere Stimme darf erwachen. Vereinigung von Intuition und Intellekt. Erkennen des Opfer-Täter-Spiels mit dem Resultat: «Ich bin frei!» Bringt Mut und Kraft. Unterstützt das Auflösen von Ängsten und Phobien.

Empfohlene körperliche Anwendungen: Erfahrungsgemäß hilfreich bei Parkinsonscher Krankheit, hier besonders in Verbindung mit B 7. Weiterhin bei allen bekannten degenerativen Krankheiten. Hilft bei Magengeschwüren.
Wo auftragen? Im Bereich des gesamten Solarplexus, im Bereich des Kopfes sowie dort, wo der Körper Beschwerden hat.

Fallbeispiel: Edith, 54 J., hat seit vielen Jahren Probleme mit der Schwiegermutter. Sie fühlt sich unterdrückt. Sie wählt die B 18 und arbeitet täglich damit. Nach drei Monaten erkennt sie, daß sie ihre eigene Wahrheit *neben* die der Schwiegermutter stellen kann und sagt zu mir: «Seit fast 30 Jahren fühle ich mich endlich wieder innerlich frei.» Der Zustand hält an.

Erprobte Entsprechungen
Bachblüten: Willow, Rescue
Edelsteintherapie: Rubin, Saphir
Kahuna-Essenzen: Awa, Noni

Nummer 19, Hauptmittel

Name der Flasche: In der materiellen Welt leben
Farbe obere Ebene: Rot
Farbe untere Ebene: Violett

Wichtigste Eigenschaften: Erweckt das wirkliche Interesse am Leben. Den Geist erkennen, der in allem verborgen ist, und ihn verstehen lernen. Stark energetisierend. «Der heiße Draht zum Himmel», also unsere direkte Verbindung zu dem, was größer ist als wir. Hilft dabei, negative Gefühle (Ärger, Wut, Zorn) in neue Energie zu transformieren. Bringt Frieden und neue Kraft zugleich. Öffnet für Spiritualität. Hilfreich bei Regeneration.

Empfohlene körperliche Anwendungen: Besonders hilfreich bei Energiemangel auf allen Ebenen (körperlich, mental, emotional), ebenso bei Verstopfung, niedrigem Blutdruck. Empfehlenwert für sexuelle Probleme wie Frigidität bzw. Impotenz. Gut bei Appetitlosigkeit und Lethargie.
Wo auftragen? Im Unterbauchbereich ebenso wie rund um den Haaransatz. Nicht vor dem Schlafengehen einreiben, energetisiert sehr stark.

Fallbeispiel: Christine, 19 J., hat keine Freude am Leben. Sie ist magersüchtig und völlig apathisch. Alles ist ihr egal. Als sie die B 19 sieht, greift sie danach und meint: «Die gefällt mir.» Sie beginnt sich mit der Flasche anzufreunden und sagt nach ein paar Wochen: «So lieb war noch niemand zu mir, in meinem ganzen Leben nicht!» (Sie meint die Flasche.) Ihre Lebensgeister kommen langsam zurück, nach einem Jahr ist sie eine ausgelassene 20jährige, die sich viel vorgenommen hat für ihr Leben.

Erprobte Entsprechungen
Bachblüten: Gorse, Willow

Nummer 20, Hauptmittel

Name der Flasche: Sternenkind/Erste-Hilfe-Flasche für Kinder
Farbe obere Ebene: Blau
Farbe untere Ebene: Pink

Wichtigste Eigenschaften: Besonders empfehlenswert in starken Streßsituationen. Schutz und Reinigung. In emotionalen Notlagen. Bringt inneren Frieden und verstärkt die Intuition. Schützt und heilt das Kind – auch das Kind in uns, das jeder einmal war. Bringt die männlichen und weiblichen Anteile in uns ins Gleichgewicht. Das «Frieden und Liebe ist in mir»-Gefühl.

Empfohlene körperliche Anwendungen: Für Kinder bis zu etwa zwölf Jahren bei Fieber, Kinderkrankheiten, Zahnen, Verletzungen aller Art. (Ab dem 12. Jahr bitte B 1 verwenden.) Erwachsene: Schwangerschaft, Liebesdefizit.
Wo auftragen? Am ganzen Körper, je nach Bedarf.

Fallbeispiel: Susanne, 56 J., ist völlig überlastet. Sie soll Beruf und Familie sowie kranken Eltern gleichzeitig all ihre Kraft geben. «Ich bin am Ende», weint sie. Mit der B 20 kommt ihr der Alltag wie ein Wunder vor – sie schafft viel mehr und hat das Gefühl, den momentanen Anforderungen gewachsen zu sein. Sie denkt nicht an morgen, sondern lebt heute.

Erprobte Entsprechungen
Bachblüten: Olive
Edelsteintherapie: Rosenquarz
Aromatherapie: Rose, Geranie, Ylang Ylang
Kahuna-Essenzen: Awa, Essiak

Nummer 21, Hauptmittel

Name der Flasche: Neubeginn für Liebe
Farbe obere Ebene: Grün
Farbe untere Ebene: Pink

Wichtigste Eigenschaften: Das Göttliche in mir wahrnehmen lernen. Raum für die Liebe schaffen. Nicht mehr kämpfen, sondern vertrauen. Für alle, die Vervollständigung suchen und ihre momentane Situation verändern möchten. Eigene Begrenzungen überwinden – vergeben können.

Empfohlene körperliche Anwendungen: Hilfreich bei Entzündungen (besonders der Haut). Herzrhythmus-Störungen, Herz-Beklemmungen, Asthma und Bronchitis (speziell bei Kindern). **Wo auftragen?** Im Herz- und Lungenbereich.

Fallbeispiel: Paul, 45 J., hat Angst. Der Job «wackelt», und die Ehe bricht auseinander. Er kann nicht mehr schlafen, sieht «rot», raucht, trinkt, schreit. Er weiß keinen Rat. Intuitiv wählt er die B 21 und beginnt mit ihr zu arbeiten. Nach einer Woche ist er deutlich ruhiger, nach drei Wochen bereits in der Lage, die Dinge so zu sehen, wie sie sind. Nach zwei Monaten ist er ganz ruhig und weiß, daß er nichts im Leben festhalten kann. Er hat aber keine Angst mehr, sondern vertraut auf sein Schicksal. Es geht ihm gut.

Erprobte Entsprechungen
Bachblüten: Cherry Plum, Olive, Willow, Rescue
Homöopathie: Calcium sulf. D 6
Aromatherapie: Eisenkraut, Vanille, Zeder
Kahuna-Essenzen: Awa, Noni, Essiak

Nummer 22

Name der Flasche: Flasche der Rebirther
Farbe obere Ebene: Gelb
Farbe untere Ebene: Pink

Wichtigste Eigenschaften: Eine neue Perspektive, eine Wiedergeburt. Für all die, die ernsthaft neue Perspektiven in ihr Leben bringen wollen.

Empfohlene körperliche Anwendungen: Wirkt harmonisierend auf das Hormonsystem, (z. B. Menopause), die Verdauungsorgane sowie die Haut.
Wo auftragen? Im Bereich des Solarplexus.

Nummer 23, Hauptmittel

Name der Flasche: Liebe und Licht
Farbe obere Ebene: Rosenpink
Farbe untere Ebene: Pink

Wichtigste Eigenschaften: Vertiefung des Verständnisses von Liebe. Weisheit, Verständnis, Zärtlichkeit, Fürsorge, Wärme und Intuition in uns selbst entwickeln. Das Bedürfnis fühlen, geben zu wollen. Gütig sein. Sehr hilfreich in allen Trennungssituationen. Unterstützt die Selbstliebe und die Selbstakzeptanz. Illusionen erkennen und loslassen. Gegen Schuldgefühle.

Empfohlene körperliche Anwendungen: Generell unterstützend bei Allergien jeder Art. Harmonisiert die Funktion der Hormondrüsen, besonders in der Pubertät und in den Wechseljahren. **Wo auftragen?** Über den gesamten Rumpf, je nach Indikation verstärkt im Herz- bzw. Genitalbereich.

Fallbeispiel: Elke, 32. J., leidet still. Ihre Beziehung «funktioniert» nicht. Sie hat Angst, allein zu sein, und sagt daher nichts. Sie wählt intuitiv die B 23 und kann plötzlich «ihren Mund nicht halten» (wie sie sagt). Zunächst trennt sich das Paar, aber sie bleiben miteinander im Gespräch. Eine ehrliche Aussprache bringt sie wieder zueinander. Beide fühlen sich «wie neu».

Erprobte Entsprechungen
Bachblüten: Holly, Wild Oat
Aromatherapie: Neroli, Patchouli, Rose, Sandelholz
Kahuna-Essenzen: Essiak

Nummer 24, Hauptmittel

Name der Flasche: Neue Botschaft
Farbe obere Ebene: Violett
Farbe untere Ebene: Türkis

Wichtigste Eigenschaften: Unterstützt die Harmonie und das Verstehen in allen Arten von Beziehungen. Heilung der Probleme, die aus der Kindheit stammen. Hilft bei der Öffnung neuer Wege und neuer Möglichkeiten. Löst unterdrückte Kreativität.

Empfohlene körperliche Anwendungen: Bei allen Problemen der Atmung sowie bei Sprach- und Ausdrucksschwierigkeiten. Unterstützt die Funktion der Thymusdrüse.
Wo auftragen? Im Herz- und Lungenbereich sowie am Hals.

Fallbeispiel: Joe, 31. J., ist Maler. Aber es «fließt nicht», wie er sagt. Er bemüht sich, ist aber mit seiner Arbeit nicht zufrieden. Je mehr die Unzufriedenheit wächst, um so weniger fließt es. Er sieht den Teufelskreis, weiß aber keinen Weg hinaus. Spontan wählt er die B 24. «Die liebe ich», sagt er und arbeitet mehrmals täglich mit ihr. Er kann es sich selbst nicht erklären, aber bereits nach ein paar Tagen fühlt er sich verändert und kann wieder malen. Er ist überglücklich. Die Flasche wird sein Talisman.

Erprobte Entsprechungen
Bachblüten: Hornbeam, Larch, Mimulus
Edelsteine: Turmalin
Aromatherapie: Ylang Ylang

Nummer 25, Hauptmittel

Name der Flasche: Rekonvaleszenz-Flasche
Farbe obere Ebene: Purpur
Farbe untere Ebene: Magenta

Wichtigste Eigenschaften: Unterstützt die Genesung nach schweren Krankheiten (physisch, emotional und mental). Sehr gut nach Operationen! Unterstützt die Intuition und die Spiritualität. Bringt Mut und Kraft. Sehr hilfreich, wenn man nervlich «am Ende» ist. Hilft Ent-Täuschungen zu sehen und zu akzeptieren. Bringt den Willen zur Gesundheit zurück.

Empfohlene körperliche Anwendungen: Unterstützt das endokrine System sowie den Säure-Basen-Ausgleich. Wirkt reinigend und regenerierend. Hilfreich bei Nervenschmerzen aller Art. **Wo auftragen?** Im Bereich des Kopfes und des Haaransatzes.

Fallbeispiel: Erika, 35 J., hatte eine schwere Blinddarm-Operation. Es stand auf «des Messers Schneide». Der Schock sitzt tief, sie kann sich lange nicht erholen, fühlt sich «wie eine alte Frau». Sie wählt spontan die B 25 und beginnt, zweimal täglich mit ihr zu arbeiten. Schon bald spürt sie Veränderung. Nach wenigen Wochen ist sie wieder die alte. Seither schwört sie auf ihre Flasche.

Erprobte Entsprechungen
Bachblüten: Star of Bethlehem, Rescue, Olive
Homöopathie: Silicea D 6, China D 4, Causticum Hahnem. D 6
Kahuna-Essenzen: Noni

Nummer 26, wichtiges Hauptmittel

Name der Flasche: Der Schocklöser/Erste Hilfe für die Aura
Farbe obere Ebene: Orange
Farbe untere Ebene: Orange

Wichtigste Eigenschaften: Die Steh-auf-Männchen-Flasche! Äußerst hilfreich bei Zusammenbrüchen aller Art, nach schweren Krisensituationen: z. B. Unfälle, Scheidungen, Selbstmordgedanken, Tod eines geliebten Menschen, Vergewaltigung, Angriffe usw. Erleichterung bei Gefühlen von Verzweiflung, Getrenntsein, Alleinsein und Einsamkeit. Für alle Arten von Schocks, gleich, wann sie stattfanden. Hilft bei nervöser Depression. Unterstützt die Seele bei dramatischen Veränderungen im Leben.

Empfohlene körperliche Anwendungen: Vor und nach Operationen, nach allen traumatischen Erlebnissen unbedingt einsetzen, nach Chemotherapie. Bei Gallensteinen, Muskelverhärtungen und Bettnässen sehr hilfreich. Mitunter auch bei Schilddrüsenproblemen.
Wo auftragen? Achtung! Zunächst am linken Ohrläppchen beginnend, auf der linken Seite den Körper abwärts streichen, über den Hals weiter nach unten bis zum linken Fußknöchel. Dann um den gesamten Unterbauchbereich, bei Schilddrüsenproblemen im Halsbereich. Diese Flasche immer zuerst benutzen, weil der Schock stets erst aufgelöst werden muß, bevor eine andere Substanz überhaupt helfen kann!

Fallbeispiel: Überwältigende Wirkung bei allen Patienten, die sie wählten!

Erprobte Entsprechungen
Bachblüten: Star of Bethlehem, Rescue

Nummer 27, Hauptmittel

Name der Flasche: Robin-Hood-Flasche (maskuline Energie)
Farbe obere Ebene: Rot
Farbe untere Ebene: Grün

Wichtigste Eigenschaften: Unsicherheit im Rollenverhalten Mann/Frau. Bringt mehr Durchsetzungsvermögen und Behauptung des eigenen Standpunkts. Hilft, mehr Selbstvertrauen zu entwickeln. Besonders gut für Männer, die unter vielen Frauen aufgewachsen sind. Bringt Konsequenz ins eigene Leben. Hilfreich nach Trennungen, um negative Gefühle zu überwinden.

Empfohlene körperliche Anwendungen: Kräftigt das Immunsystem.
Wo auftragen? Auf dem gesamten Rumpf.

Fallbeispiel: Paul, 25 J., ist der jüngste Sohn. Er hat fünf ältere Schwestern. Seine Partnerschaftsversuche wollen nicht gelingen. Er fühlt sich immer dominiert, weiß aber nicht, wie er dies verändern kann. Alle Versuche haben bisher nichts gebracht. Er wählt die B 27 und arbeitet mehrmals täglich mit ihr. Er erzählt nach zwei Wochen, daß er sich viel besser fühlt und sein Leben erst einmal allein genießen möchte. «Ich fühle mich wie ein Mann», sagt er und freut sich riesig.

Erprobte Entsprechungen
Kahuna-Essenzen: Awa

Nummer 28, Hauptmittel

Name der Flasche: Maid-Marion-Flasche (feminine Energie)
Farbe obere Ebene: Grün
Farbe untere Ebene: Rot

Wichtigste Eigenschaften: Unsicherheit im Rollenverhalten Mann/Frau. Hilfreich für Frauen, die sich unterdrücken und fremdbestimmen lassen und das nicht mehr wollen. Bringt mehr Klarheit durch Vertrauen auf die eigene Intuition ins Leben, ebenso die Kraft, für sich selbst einzustehen. Löst Abhängigkeitsgefühle und Opferverhalten. Hilft bei Entscheidungen.

Empfohlene körperliche Anwendungen: Kräftigt das Immunsystem.
Wo auftragen? Auf dem gesamten Rumpf.

Fallbeispiel: Anja, 38 J., ist seit zehn Jahren verheiratet. Ihr Mann befiehlt, sie folgt. Sie haßt sich selbst deswegen. Als sie mit der B 28 beginnt, glaubt sie nicht, daß es helfen wird. Aber sie will eine Änderung. Heute, nach 17 Monaten, diskutiert sie mit ihrem Mann und artikuliert ihre Meinung. «So ist meine Ehe okay», sagt sie und lacht. Sie arbeitet weiter an sich.

Erprobte Entsprechungen
Kahuna-Essenzen: Awa

Nummer 29, Hauptmittel

Name der Flasche: Steh auf und wandle (materielle Ebene)
Farbe obere Ebene: Rot
Farbe untere Ebene: Blau

Wichtigste Eigenschaften: Hilft, sein Leben nicht nur von der materiellen Seite aus zu betrachten. Dem Leben eine neue Richtung geben. Erweckt die Seele. Löst Ärger, Wut und Zorn und bringt mehr Frieden und Harmonie. Kraftvolle Kommunikation. Sich für den Frieden engagieren.

Empfohlene körperliche Anwendungen: Erhöht die Hormonproduktion. Hilfreich bei Müdigkeit. Bringt dem *Körper* Energie bei Kraftlosigkeit.
Wo auftragen? Auf den gesamten Rumpf.

Fallbeispiel: Michael, 29 J., ist ständig müde. Die Anforderungen im Beruf schafft er mit großer Mühe. Er hat Angst, entlassen zu werden. Spontan wählt er die B 29 und arbeitet mehrmals täglich mit ihr. Sein Konzentrationsvermögen kehrt innerhalb weniger Wochen zurück, er ist viel wacher und hat auch wieder Lust auf sein Privatleben.

Erprobte Entsprechungen
Bachblüten: Olive, Rescue
Homöopathie: Phosphorus D 30
Aromatherapie: Basilikum, Bohnenkraut, Ysop
Kahuna-Essenzen: Essiak

Nummer 30, Hauptmittel

Name der Flasche: Den Himmel auf die Erde bringen (geistige Ebene)
Farbe obere Ebene: Blau
Farbe untere Ebene: Rot

Wichtigste Eigenschaften: Besonders geeignet für die Rückkehr aus tiefen Meditationen, für Heiler, Yogaschüler und allgemein in der spirituellen Praxis. Bringt Geist und Materie zusammen. Beruhigt den Geist und erdet.

Empfohlene körperliche Anwendungen: Hauptsächlich hilfreich bei allen Problemen der Geschlechtsorgane.
Wo auftragen? Für den geistigen Bereich an Kopf und Haaransatz. Ansonsten im Unterbauchbereich.

Fallbeispiel: Ein mir bekannter Heiler kann, seit der die B 30 einsetzt, täglich sehr viel mehr Patienten behandeln als zuvor. Er fühlt sich viel besser geerdet und hat mehr Kraft in sich. Er möchte diese Flasche nicht mehr missen.

Erprobte Entsprechungen
Kahuna-Essenzen: Awa

Nummer 31

Name der Flasche: Die Fontäne
Farbe obere Ebene: Grün
Farbe untere Ebene: Gold

Wichtigste Eigenschaften: Verantwortung zu tragen bereitet Freude. Unterstützend, den tiefen inneren Glauben sowie innere Weisheit zu finden. Empfinden, wie das eigene Herz strahlt. Liebe zur Natur.

Empfohlene körperliche Anwendungen: Bei chronischen Hautkrankheiten, Störungen der Leber, Bauchspeicheldrüse und Nieren. Kann ebenfalls bei Herzbeschwerden aufbauend wirken. **Wo auftragen?** Im Herz- und Lungenbereich bis hin zum Solarplexus. Auf bedürftige Hautstellen.

Nummer 32, Hauptmittel

Name der Flasche: Sophia
Farbe obere Ebene: Königsblau
Farbe untere Ebene: Gold

Wichtigste Eigenschaften: Eine «andere» Herz-Flasche. Die Weisheit Salomons in uns selbst finden. Nicht be- und verurteilen, sondern verstehen. Enthält die Möglichkeit, auch «Unmögliches» zu erreichen. Versteht, daß auch er ein «Schöpfer» ist. Der Frieden des Herzens ist wichtiger als alle materiellen Dinge. Bringt Klarheit in alle «Herzensangelegenheiten», bringt Frieden in das Verhältnis zur Mutter.

Empfohlene körperliche Anwendungen: Gut für die Haut (Leber- und Altersflecken) sowie hilfreich zur Unterstützung von Magen, Darm und Leber. Gut bei streßbedingter Nervosität.
Wo auftragen? Auf dem gesamten Rumpf, aber ebenso im Kopfbereich.

Fallbeispiel: Sabine, 62 J., ist immer noch eine schöne Frau. Aber die beginnenden Altersflecken auf den Händen und im Gesicht lassen sie beinahe verzweifeln. In der B 32 sieht sie eine willkommene Möglichkeit, auf diese Flecken einzuwirken. Nach zwei Monaten erzählt sie, daß ihre Flecken viel heller geworden sind, daß sie diese aber «komischerweise» gar nicht mehr schlimm findet. Dennoch arbeitet sie weiter mit der B 32, weil sie ihr so gut bekommt.

Erprobte Entsprechungen
Bachblüten: Rescue
Homöopathie: Silicea D 6, Sulfur D 4
Kahuna-Essenzen: Essiac

Nummer 33, Hauptmittel

Name der Flasche: Delphin
Farbe obere Ebene: Königsblau
Farbe untere Ebene: Türkis

Wichtigste Eigenschaften: Verleiht die Heiterkeit des Herzens. Hilft, sich selbst nicht so ernst zu nehmen und dem Prinzip des Lebens zu vertrauen. Unterstützt den Menschen, sein Leben spielerischer zu sehen, weniger zu kämpfen und nicht zu ernst zu sein. Verhilft zur Selbsterkenntnis. Läßt Isolations- und Unsicherheitsgefühle aufbrechen. Unterstützt den Prozeß, sich selbst so zu akzeptieren, wie man ist.
Sich selbst ein guter Vater/eine gute Mutter sein.

Empfohlene körperliche Anwendungen: Sehr empfehlenswert bei Problemen mit den Augen.
Wo auftragen? Um die Augen herum bzw. im Herzbereich ebenso wie an Kopf und Haaransatz.

Fallbeispiel: Iris, 39 J., hat ihre Arbeit verloren. Sie gerät in Panik, als alle Bewerbungen über Monate nichts bringen. Sie sieht nur noch schwarz und glaubt an ihren eigenen Untergang. Als sie die B 33 sieht, greift sie spontan danach und sagt: «Diese Flasche tut mir spontan gut. Mir ist plötzlich viel leichter!» Seit sechs Wochen arbeitet sie mit ihr mehrmals täglich. Sie hat wieder Mut und weiß, daß sie bald eine neue Stelle finden wird. Sie fand bald danach wirklich eine!

Erprobte Entsprechungen
Bachblüten: Gorse, Olive, Pine
Homöopathie: Argentum nitic. D12, Aurum metal. D4
Aromatherapie: Kamille, Neroli, Rose
Kahuna-Essenzen: Awa

Nummer 34

Name der Flasche: Die Geburt der Venus
Farbe obere Ebene: Pink
Farbe untere Ebene: Türkis

Wichtigste Eigenschaften: Hilft mit, die Harmonie zwischen dem männlichen und dem weiblichen Teil in uns zu finden. Unterstützt dabei, die Traumata der Vergangenheit aufzulösen und wieder Freude zu fühlen.

Empfohlene körperliche Anwendungen: Bei Herzproblemen, Menstruationsproblemen und Jugendakne.
Wo auftragen? An den erforderlichen Stellen.

Nummer 35

Name der Flasche: Freundlichkeit
Farbe obere Ebene: Pink
Farbe untere Ebene: Violett

Wichtigste Eigenschaften: Wir lernen, anders mit uns selbst umzugehen. Verschafft Zugang zur inneren Heilung, zu Selbstvertrauen und liebevollem Umgang mit anderen. Öffnet für die Liebe von «oben».

Empfohlene körperliche Anwendungen: Probleme der Menopause, Schaflosigkeit (wegen emotionaler Probleme).
Wo auftragen? Auf den gesamten Körper, nach Bedarf.

Nummer 36

Name der Flasche: Nächstenliebe
Farbe obere Ebene: Violett
Farbe untere Ebene: Pink

Wichtigste Eigenschaften: Verbindet uns mit Gottes Liebe. Hilft, den inneren Zielen unbeirrt zu folgen. Verschafft Kontakt zur eigenen Lebensaufgabe. Verhilft zu generell positiven Veränderungen.

Empfohlene körperliche Anwendungen: Diffuse Schmerzen im ganzen Körper, besonders an Knien und Hüfte, aber auch im Kopfbereich.
Wo auftragen? Je nach Bedarf überall auf dem Körper, immer in der Region, in der die Schmerzen auftreten.

Nummer 37

Name der Flasche: Der Schutzengel kommt zur Erde
Farbe obere Ebene: Violett
Farbe untere Ebene: Blau

Wichtigste Eigenschaften: Hilft uns, mit der eigenen Spiritualitiät im reinen zu sein, d. h., den inneren Frieden weitergeben zu können. Aufbauend und schützend. Unterstützt Transformationsprozesse.

Empfohlene körperliche Anwendungen: Hals-, Nacken-, Kieferverspannungen. Probleme der Schilddrüse.
Wo auftragen? An Hals und Nacken, auch Haaransatz.

Nummer 38

Name der Flasche: Troubador-Flasche Nr. 2
Farbe obere Ebene: Violett
Farbe untere Ebene: Grün

Wichtigste Eigenschaften: Hilft, natürliche Autorität und Integrität zu entwickeln, ebenso wie sich von den eigenen Gefühlen nicht «fangen» zu lassen. Löst Neid, Eifersucht, Mißtrauen und Rechthaberei zugunsten von mehr Selbstvertrauen und wirklicher Unabhänigkeit.

Empfohlene körperliche Anwendungen: Hilfreich bei Rheumatismus, Nieren- und Blasenschwäche, Neuralgien in der Schulter. **Wo auftragen?** An allen schmerzenden bzw. bedürftigen Stellen des Körpers.

Nummer 39

Name der Flasche: Ägyptische Flasche Nr. 2
Farbe obere Ebene: Violett
Farbe untere Ebene: Gold

Wichtigste Eigenschaften: Verhilft zu der Erkenntnis, daß das Bedürfnis, die Welt verändern zu wollen, bei einem selbst anfangen muß. Unterstützt den Impuls, auch entsprechend zu handeln. Auf der Suche nach dem inneren Reichtum. Hilft, Ängste aufzulösen und wieder Freude ins eigene Leben zu holen.

Empfohlene körperliche Anwendungen: Lindernd bei Schuppenflechte, Neurodermitis und nervös bedingten Hautausschlägen. Empfehlenswert bei Verstopfung und Blähungen. **Wo auftragen?** Auf befallene Hautstellen Bauch.

Nummer 40, Hauptmittel

Name der Flasche: Ich bin
Farbe obere Ebene: Rot
Farbe untere Ebene: Gold

Wichtigste Eigenschaften: Das innere Wissen in die Tat umsetzen. Ebenso die Kraft, das innere Wissen zu finden. Bringt viel Freude, besonders daran, nach mehr zu streben. Unterstützt Erfolg und Dynamik im Leben. Hilft gut dabei, negative Gefühle (Ärger, Wut, Schuld, Frust) wahrzunehmen und zu transformieren. Unterstützt die Entscheidung, aus Abhängigkeiten herauszukommen. Gut, um sexuelle Probleme zu lösen.

Empfohlene körperliche Anwendungen: Bringt die Energie im körperlichen Bereich in Fluß. Wirksam bei Gastritis und Magengeschwüren, ebenso bei Schulter-Arm-Syndrom.
Wo auftragen? Vom Brustbeinbereich abwärts bis zur Region des Steißbeins. Nicht unbedingt abends anwenden!

Fallbeispiel: Manfred, 35 J., ist erfolgreicher Rechtsanwalt und liebt seinen Beruf, empfindet ihn gleichzeitig als «stressig». Sein Magen schmerzt fast immer. Er sucht «sanfte» Lösung. Er wählt die B 40 spontan und beginnt mit ihr zu arbeiten. Nach ein paar Tagen erzählt er lachend, er könne es zwar nicht glauben, aber es ginge ihm besser. «Mal abwarten», sagt er skeptisch. Es wurde weiter besser, und heute ist er symptomfrei. Er arbeitet weiter mit der Flasche plus Bachblüten.

Erprobte Entsprechungen
Bachblüten: Oak, Impatiens
Edelsteine: Turmalin, Chrysokoll
Homöopathie: Nux vomica D 4, Phosphor. D 6
Aromatherapie: Majoran, Lavendel, Bergamotte
Kahuna-Essenzen: Noni

Nummer 41, Hauptmittel

Name der Flasche: Weisheitsflasche
Farbe obere Ebene: Gold
Farbe untere Ebene: Gold

Wichtigste Eigenschaften: Hilft, das natürliche «Gottvertrauen» eines Kindes wieder in uns zu entwickeln, d.h., die Dinge so zu nehmen, wie sie sind, sich zu freuen an dem, was man hat. Was man nicht hat, ist nicht so wichtig. Oder: Wirkliche Weisheit ist Zufriedenheit mit dem, was ist.

Empfohlene körperliche Anwendungen: Besonders gut für die Nieren, ebenso für die Haut. Unterstützt die Entgiftung.
Wo auftragen? Überall am Körper bzw. an den betroffenen Körperpartien.

Fallbeispiel: Antje, 24 J., leidet seit vielen Jahren unter Neurodermitis. Nichts hilft, und ihre Arme und Beine sind während des Winters wie «Schmirgelpapier», sagt sie. Das Jucken ist unerträglich. Als sie mit der B 41 beginnt, hat sie das Gefühl, Samt auf ihre Haut zu bringen, das Jucken läßt immer mehr nach, und schon nach wenigen Wochen hat sich die Haut fast normalisiert. Seither stetige Besserung.

Erprobte Entsprechungen
Bachblüten: Rescue, Star of Bethlehem
Homöopathie: Chamomilla D30, Zincum valerianicum D30
Edelsteine: Chrysopas, Fluorit
Aromatherapie: Immortelle, Mimose, Narde, Rose
Kahuna-Essenzen: Noni

Nummer 42, Hauptmittel

Name der Flasche: Die Ernte
Farbe obere Ebene: Gelb
Farbe untere Ebene: Gelb

Wichtigste Eigenschaften: Die Zukunft in die Gegenwart bringen. Im Heute leben und nicht im Morgen! Hilft, Begrenzungen, nervöse Depressionen und Verwirrung der Gefühle zu lösen, bringt Freude und «Sonne» ins Leben. Ängste können sich auflösen. Stillt den Hunger auf Süßes. Hilft, allen Dingen die positive Seite abzugewinnen.

Empfohlene körperliche Anwendungen: Wirkt beruhigend auf die Nerven allgemein, unterstützt Leber und Darm, gut bei nervös irritierter Haut. Bei Wundheilungen hilfreich. Gut bei chronischer Müdigkeit. Hormone.
Wo auftragen? Auf dem ganzen Körper, besonders an den bedürftigen Regionen des Körpers.

Fallbeispiel: Kathleen, 19 J., ist eine «Süße», wie sie sagt. Sie glaubt, ohne Zucker zu verhungern. Ihre Zähne sind schlecht, ihre Verdauung ebenfalls, ihre Haut sieht grau aus. Sie will etwas ändern. Als sie mit der B 42 zunächst beginnt, kann sie sich nicht vorstellen, daß sich etwas ändern könnte. Da sie sich aber wirklich verändern will, beginnt sie. Ihr Erstaunen ist groß, als sie zunächst viel weniger Süßes mag; durch den Erfolg angespornt, schafft sie in kurzer Zeit ein «Wunder». Sie mag «das süße Zeug» überhaupt nicht mehr. Haut und Verdauung bessern sich zusehends.

Erprobte Entsprechungen
Bachblüten: Sweet Chestnut, Walnut
Homöopathie: Lycopodium D 4, China D 4, Sulfur D 4
Kahuna-Essenzen: Noni

Nummer 43, Hauptmittel

Name der Flasche: Kreativität
Farbe obere Ebene: Türkis
Farbe untere Ebene: Türkis

Wichtigste Eigenschaften: Verhilft dazu, universelle Wahrheiten auszudrücken. Unterstützt den Geist, flexibel zu sein, bringt uns in Verbindung mit unseren inneren, künstlerischen Ausdrucksmöglichkeiten, oft ohne Worte. Verhilft uns zur Selbstbehauptung und gibt Mut, ganz das zu sein, was wir innerlich sind. Unterstützt das «intuitive Lernen». Verlaß dich auf deine Seele.

Empfohlene körperliche Anwendungen: Besonders gut bei Bronchitis und Herzrhythmusstörungen. Bei Kindern: Sprachstörungen, unterstützend für die Thymusdrüse.
Wo auftragen? Im Brustbereich sowie nach Bedarf.

Fallbeispiel: Hannah, 17 J., leidet seit früher Kindheit unter Sprachhemmungen. Je älter sie wird, desto schlimmer wird es. Sie leidet sehr darunter. Sie kommt mit ihrer Mutter und greift sofort nach der B 43. «Die ist ja wunderschön», sagt sie ,ohne mehr darüber zu wissen. Sie ist nach wenigen Monaten Arbeit mit der Flasche sehr glücklich. «Die Hemmung kommt jetzt viel seltener», sagt sie. Es wird von Monat zu Monat besser.

Erprobte Entsprechungen
Bachblüten: Pine, Mimulus
Edelsteine: Chalcedon blau
Aromatherapie: Palmarosa, Kakao, Styrax
Kahuna-Essenzen: Essiak

Nummer 44

Name der Flasche: Der Schutzengel
Farbe obere Ebene: Hellviolett
Farbe untere Ebene: Hellblau

Wichtigste Eigenschaften: Die Kommunikation mit dem Schutzengel. Transformation und Schutz. Sich des göttlichen Funkens in sich selbst bewußt sein. Sich davon führen lassen. Die Leichtigkeit des Seins.

Empfohlene körperliche Anwendungen: Schilddrüse, Epiphyse, Hypophyse. Beschwerden des Nackens.
Wo auftragen? Kopf- und Halsbereich.

Nummer 45

Name der Flasche: Atem der Liebe
Farbe obere Ebene: Türkis
Farbe untere Ebene: Magenta

Wichtigste Eigenschaften: Die Zeit ist jetzt da, sich selbst wieder zu lieben. Die Gnade, das Göttliche wahrzunehmen. Das Bedürfnis, Liebe zu empfangen und zu geben. Diese Liebe über das Herz ausdrücken.

Empfohlene körperliche Anwendungen: Gut während und nach Diät, Magersucht sowie Eßsucht. Herzrasen, alle Streßsymptome.
Wo auftragen? Überall, ganz nach eigenem Empfinden.

Nummer 46, Hauptmittel

Name der Flasche: Der Wanderer
Farbe obere Ebene: Grün
Farbe untere Ebene: Magenta

Wichtigste Eigenschaften: Das Entdecken der inneren Kraft und Liebe. Ein neuer Anfang. Das Vertrauen in meine Kraft, die alles schafft, was ich *wirklich* will. Die göttliche Liebe ist in mir: Ich will ihr begegnen. Bringt neue Kreativität und befreit (auch von Süchten).

Empfohlene körperliche Anwendungen: Besonders empfehlenswert bei allen Beschwerden des Unterleibs, Pilzerkrankungen des Darms. Hilfreich bei akuten bronchialen Infekten.
Wo auftragen? Im Unterleibs- bzw. Herzbereich.

Fallbeispiel: Candida-Erkrankungen sind sehr häufig in meiner Praxis. Die Behandlung war in der Vergangenheit recht langwierig und der Erfolg fragwürdig. Sehr viele der Patienten, die sich auf eine zusätzliche Aura-Soma-Therapie einließen, fühlten, daß endlich «etwas wirklich hilft», denn nicht nur die Pilze verschwanden recht schnell, sondern viel deutlicher war für sie das veränderte Lebensgefühl: also mehr Spannkraft, weniger Müdigkeit und Ruhebedürfnis. Fast alle sind bis heute symptomfrei geblieben. Die Ernährung wurde umgestellt.

Erprobte Entsprechungen
Bachblüten: Holly
Aromatherapie: Tea-Tree
Kahuna-Essenzen: Noni
Pflanzenheilkunde: Taheebotee, Teebaumöl

Nummer 47, Hauptmittel

Name der Flasche: Alte Seele
Farbe obere Ebene: Königsblau
Farbe untere Ebene: Zitronengelb

Wichtigste Eigenschaften: Verbindet mit dem höheren Selbst. Hilft dabei, aus der Re-Aktion in die eigenen Aktionen zu kommen. Bringt wirkliche Unabhängigkeit. Hilft, rechte und linke Gehirnhälfte auszugleichen. Ermutigt, mit den eigenen Ängsten «fertig» zu werden. In jedem Moment mit unserem Herzen in Verbindung stehen und aus dieser Verbindung leben. Unterstützt außersinnliche Wahrnehmung.

Empfohlene körperliche Anwendungen: Besonders hilfreich bei allen Arten von Erschöpfungszuständen. Erleichtert Alzheimer und andere degenerative Erkrankungen. Verhilft zu Ausdauer und Mut.
Wo auftragen? Auf den Rumpf vom Bauchnabel aufwärts sowie bei Bedarf im Kopfbereich.

Fallbeispiel: Die Verbindung mit ihrem höheren Selbst war für Paula, 45 J., ein äußerst wichtiger Wunsch. Aber es wollte nicht so recht klappen, erzählte sie mir. Sie war sich nie sicher, ob sie ihr höheres Selbst nun gefühlt hatte oder nicht. Mit der zusätzlichen Verwendung der B 47 konnte sie ihren Gefühlen mehr und mehr trauen. Sie benutzt diese Flasche seither immer, wenn sie in Meditation ist.

Erprobte Entsprechungen
Bachblüten: Chestnut Bud
Aromatherapie: Muskat, Wacholder, Zitrone
Kahuna-Essenzen: Awa

Nummer 48

Name der Flasche: Flügel der Heilung
Farbe obere Ebene: Violett
Farbe untere Ebene: Klar

Wichtigste Eigenschaften: Spirituelle Reinigung. Die Möglichkeit, mit sich selbst ins reine zu kommen, Klarheit im Inneren zu finden. Sich mit Gott und der Welt eins fühlen.

Empfohlene körperliche Anwendungen: Unterstützt die Entgiftung. Ebenfalls hilfreich bei Pilzkrankheiten. Harmonisiert Hormone.
Wo auftragen? Über den Rumpf, ebenso im Kopfbereich.

Nummer 49, Hauptmittel

Name der Flasche: Neuer Bote
Farbe obere Ebene: Türkis
Farbe untere Ebene: Violett

Wichtigste Eigenschaften: Sich selbst die Erlaubnis geben, dem Geist zu dienen. Die Möglichkeit, das Spirituelle und das Menschliche zu verbinden. Unterstützt Kreativität und Flexibilität. Sich selbst annehmen können und dadurch andere verstehen und nicht beurteilen. Unterstützt die Erkenntnis, mit anderen zu teilen, weil niemand etwas wirklich besitzen kann. Leichteres Umgehen mit großen Veränderungen. Unterstützt die Leichtigkeit in allen Beziehungen.

Empfohlene körperliche Anwendungen: Gut für Thymus- bzw. Schilddrüse. Unterstützend bei Sinusitis. Hilfreich für Schulter-Arm-Syndrom, besonders rechts.
Wo auftragen? Im Herz-Lungenbereich ebenso wie im Kopfbereich.

Fallbeispiel: Max, 62 J., leidet seit vielen Jahren unter einer chronischen Sinusitis. Nichts hilft nachhaltig. Sein «letzter» Versuch ist die B 49. Über mehrere Wochen trägt er dreimal täglich das Öl im Bereich der Nebenhöhlen auf und spürt Erleichterung. Nach drei Monaten ist die Besserung so weit fortgeschritten, daß er «damit leben kann». Er arbeitet weiter mit der Flasche und ist fast symptomfrei.

Erprobte Entsprechungen
Bachblüten: Hornbeam, Sweet Chestnut
Homöopathie: Sulfur D 4, Thuja D 4, Silicea D 6
Aromatherapie: Angelikawurzel, Meerkiefer, Nelke, Zitrone
Kahuna-Essenzen: Noni

Nummer 50, Hauptmittel, «Meister-Flasche»

Name der Flasche: El Morya
Farbe obere Ebene: Hellblau
Farbe untere Ebene: Hellblau

Wichtigste Eigenschaften: Die Kraft des reinen Bewußtseins. Unterstützt dabei, daß wir eins werden mit allem, was uns geschieht, weil wir absolut vertrauen bzw. glauben. Verhilft zu Klarheit des Verstandes, Freude am Dasein und stärkt die Bereitschaft, zu vergeben. Bringt tiefen, inneren Frieden.
Öffnet für die Erfordernisse einer neuen Zeit.

Empfohlene körperliche Anwendungen: Besonders für Kinder bei Halsentzündungen.
Wo auftragen? Im Halsbereich sowie nach individuellem Bedürfnis.

Fallbeispiel: Wolf, 54 J., hat in seinem Leben viel erreicht. Er ist auf dem spirituellen Weg und bemüht sich täglich um innere Weisheit. Aber mit seinem Vater haderte er weiter. Er konnte ihm so vieles einfach nicht vergeben. Mit der B 50 wollte er «endlich vergeben können», denn die Vergangenheit belastete ihn sehr. Nach drei Monaten rief er mich an und berichtete, er könne nun auch dem Vater vergeben.

Erprobte Entsprechungen
Bachblüten: Holly, Pine, Cherry Plum
Edelsteine: Moosachat, Zirkon
Kahuna-Essenzen: Awa

Nummer 51, Hauptmittel, «Meister-Flasche»

Name der Flasche: Kuthumi
Farbe obere Ebene: Hellgelb
Farbe untere Ebene: Hellgelb

Wichtigste Eigenschaften: Bringt den Mut, die Initiative zu ergreifen, für etwas einzutreten. Unterstützt geistige Unabhängigkeit. Hilft uns dabei, unser Leben zu meistern. Bringt klare Sicht. Löst Befürchtungen, stärkt Mitgefühl, Herzlichkeit und Verständnis. Bringt Licht und Freude in unser Leben. Überwindet Erwartungsängste.

Empfohlene körperliche Anwendungen: Sehr gut für chronische Hautleiden. Empfehlenswert bei Verdauungsbeschwerden und unterstützend bei Mager- wie bei Eßsucht.
Wo auftragen? Im Bereich des Solarplexus bzw. auf den betroffenen Hautpartien.

Fallbeispiel: Conny, 32 J., hatte seit Jahren Angst vor dem «Morgen». Obwohl ihr Leben in Ordnung war, hatte sie Angst. Sie litt darunter, weil sie es sich nicht erklären konnte. «Zufällig» begegnete sie der B 51 und fühlte sich spontan zu ihr hingezogen. Ohne rechten Glauben, jedoch mit gutem Willen arbeitete sie für einige Wochen mit dieser Flasche. Die Ängste nahmen ab. Heute ist sie nur noch ganz selten ängstlich, «aber dann mit Grund», wie sie sagt.

Erprobte Entsprechungen
Bachblüten: Rescue, Aspen
Homöopathie: Staphisagria D 12
Edelsteine: Larimar, Sugilith, Chrysoberyll
Kahuna-Essenzen: Awa

Nummer 52, Hauptmittel, «Meister-Flasche»

Name der Flasche: Lady Nada
Farbe obere Ebene: Hellrosa
Farbe untere Ebene: Hellrosa

Wichtigste Eigenschaften: Hilfreich, um die Illusion des Nicht-geliebt-Werdens aufzulösen. Verhilft zu mehr Selbstliebe. Fördert die Fähigkeit, sich tief zu entspannen, Intuition und Konzentration zu unterstützen. Lernen, ohne Erwartungen zu lieben und ebenso geliebt zu werden. Löst Opfer- bzw. Täterrollen gut auf.

Empfohlene körperliche Anwendungen: Hervorragend für das weibliche Hormonsystem, gleich in welchem Lebensalter. Gut bei Menstruationsstörungen, Schwierigkeiten mit der Gebärmutter oder in der Menopause.
Wo auftragen? Im Unterbauchbereich. Sonst am Schädel-Chakra und an den Schläfen.

Fallbeispiel: Fanny, 26 J., hat seit zwei Jahren keine Periode mehr. Das belastet sie. Die B 52 ist ihr eine willkommene Alternative. Bereits nach sechs Monaten setzt eine normale Periode ein, der Zyklus ist bis heute ebenfalls regelmäßig.

Erprobte Entsprechungen
Bachblüten: Star of Bethlehem, Holly
Homöopathie: Pulsatilla D 4, Senecio aureus D 3
Edelsteine: Lapislazuli, Mondstein, Zirkon
Aromatherapie: Cassia, Majoran, Minze
Kahuna-Essenzen: Noni

Nummer 53, Hauptmittel, «Meister-Flasche»

Name der Flasche: Hilarion
Farbe obere Ebene: Hellgrün
Farbe untere Ebene: Hellgrün

Wichtigste Eigenschaften: Das reine Herz – das Herz reinigt sich. Löst tiefe Spannungen, alte Schuldgefühle und rigide Strukturen, ebenso Phobien, Neid und Eifersucht. Öffnung für «Inspiration», der Geist darf einfließen. Dem Geist «Raum» geben. Sich heilen wollen.

Empfohlene körperliche Anwendungen: Besonders empfehlenswert für alle Beschwerden im Brustbereich (z. B. Asthma, Bronchitis).
Wo auftragen? Im Brust- und Lungenbereich.

Fallbeispiel: Jörg, 54 J., und Anni, 50 J., haben eigentlich nur ein Problem. Sie geht einen geistigen Weg und ist glücklich, er sieht ihren Weg als «Quatsch» an und stichelt deswegen ununterbrochen. Nach langen Gesprächen findet er sich bereit, eine «harmlose Flasche», die B 53, anzuwenden. Innerlich glaubt er natürlich nicht an Veränderung. Dennoch will er nach einigen Wochen einmal mit zur Meditation. Sein Interesse ist erwacht. Anni berichtet, seine Sticheleien hätten fast aufgehört.

Erprobte Entsprechungen
Bachblüten: Heather, Gentian, Scleranthus
Aromatherapie: Kamille römisch
Homöopathie: Aurum met. D 4
Edelsteine: Chalcedon rosa, Granat
Kahuna-Essenzen: Awa

Nummer 54, Hauptmittel, «Meister-Flasche»

Name der Flasche: Serapis Bey
Farbe obere Ebene: Klar
Farbe untere Ebene: Klar

Wichtigste Eigenschaften: Die eigenen Chakren in Harmonie bringen, um in eine Ebene der Klarheit zu gelangen. Das heisst Vergangenes loslassen, nicht geweinte Tränen weinen, Leid und Schmerz verstehen lernen. Reinigt sehr stark und unterstützt das Loslassen auf allen Ebenen. Bringt Farbe und neuen Schwung ins Leben. Gibt Kraft und Energie.

Empfohlene körperliche Anwendungen: Besonders empfehlenswert während und nach Fastenkuren. Wirkt fördernd auf die Schleim- und Wasserausscheidung des Körpers.
Wo auftragen? Auf den ganzen Körper, je nach Bedarf.

Fallbeispiel: Alexia, 35 J., ist eine sehr erfolgreiche Frau. Aber sie sucht nach mehr. Sie greift spontan zur B 54. Im Verlaufe der folgenden Wochen erkennt sie, daß ihre Seele in den vergangenen Jahren «zu kurz» gekommen ist. Sie beginnt damit, auch ihre Seele zu nähren (hier durch Meditation) und fühlt sich viel wohler als je zuvor. «Jetzt habe ich mein Leben viel besser im Griff», sagt sie und freut sich.

Erprobte Entsprechungen
Bachblüten: Oak, Rescue
Edelsteine: Heliotrop, Jaspis, Türkis
Homöopathie: Hepar Sulf. D 6
Kahuna-Essenzen: Noni

Nummer 55, Hauptmittel, «Meister-Flasche»

Name der Flasche: Der Christus
Farbe obere Ebene: Klar
Farbe untere Ebene: Rot

Wichtigste Eigenschaften: Verbindet uns mit unserer höchsten Wahrheit und Weisheit. Hilft uns dabei, unsere Lebensaufgabe zu finden und sie kompromißlos zu leben. Gut, um Verlustängste aufzulösen. Das Alleinsein aufgeben (abgetrennt sein), Nähe und Liebe zulassen. Unterstützt uns, alte Kindheitstraumata ebenso zu lösen wie neuere (auch sexuelle). Hilft, Wut und Frust in Frische und Klarheit zu transformieren.

Empfohlene körperliche Anwendungen: Sehr empfehlenswert, um zu entgiften und Energie zurückzugewinnen. Bei sexuellen Problemen.
Wo auftragen? Im Unterbauchbereich (nicht abends!).

Fallbeispiel: Freya, 37 J., ist unglücklich. Keine Partnerschaft will gelingen. Sie fühlt sich immer unverstanden und ausgenutzt. «So war das schon in meiner Kindheit», sagt sie. Sie zieht sich mehr und mehr zurück und lebt wie isoliert. Darunter leidet sie noch mehr. Mit der B 55 gelingt ihr etwas Neues. Sie bemerkt das erste Mal in ihrem Leben, daß sie selbst schön und liebenswert ist. Sie verändert sich zusehends, gibt ihre Isolation auf und findet ihr Leben «schöner als je zuvor».

Erprobte Entsprechungen
Bachblüten: Sweet Chestnut, Gorse, Wild Rose
Homöopathie: Phosphorus D 12, Lachesis D 12
Edelsteine: Topas, Türkis
Kahuna-Essenzen: Awa

Nummer 56, Hauptmittel, «Meister-Fasche»

Name der Flasche: Saint-Germain
Farbe obere Ebene: Hellviolett
Farbe untere Ebene: Hellviolett

Wichtigste Eigenschaften: Hilft bei der Suche nach «höherer Wahrheit». Erweckung von Intuition, Selbstliebe und innerem Frieden. Klärt den Hang zu Kritik und Selbstboykott. Befreiung von der Vergangenheit.

Empfohlene körperliche Anwendungen: Besonders empfehlenswert bei Migräne und Kopfschmerzen. Wirkt allgemein beruhigend bei nervös bedingten Störungen sowie bei Fieber. Gut für Kinder.
Wo auftragen? Im Kopfbereich.

Fallbeispiel: Zilly, 32 J., hat eine gutgehende Massagepraxis. Aus ihr selbst unerklärlichen Gründen ist sie immer unzufrieden. Sie greift zur B 56. Nach ein paar Wochen schreibt sie: «Ich bin völlig verändert, und meine Arbeit findet auf einer höheren Ebene statt, die Patienten bedanken sich täglich. Ich kann es kaum glauben und danke dem Himmel.»

Erprobte Entsprechungen
Bachblüten: Clematis, Wild Oat
Aromatherapie: Eisenkraut, Salbei, Melisse
Homöopathie: Argentum nitric. D 12
Edelsteine: Aventurin, Marmor, Opal
Kahuna-Essenzen: Essiak

Nummer 57, Hauptmittel, «Meister-Flasche»

Name der Flasche: Pallas Athena
Farbe obere Ebene: Hellrosa
Farbe untere Ebene: Hellblau

Wichtigste Eigenschaften: Persönliche Unabhängigkeit vom Denken und Beurteilen der anderen, tiefes inneres Loslassen und Vertrauen in die Kraft und Liebe Gottes. Sich in diesem Gefühl «aufgehoben» fühlen. Bringt eine gute, materielle Basis und Tiefe in Beziehungen.

Empfohlene körperliche Anwendungen: Hervorragend bei allen Sprachproblemen bzw. Rechtschreibeschwierigkeiten.
Wo auftragen? Hals- und Kopfbereich.

Fallbeispiel: Florian, 10 J., ist Legastheniker. Seine Eltern wollen ihm sanft helfen. Ohne zu überlegen, greift er zur B 57 und trägt sie, so die Mutter, seither pausenlos mit sich herum. Er ölt sich ein, spielt und spricht mit ihr. Die Flasche wird sein Freund. Die Störungen bessern sich, berichtet die Mutter. Und Florian möchte die Flasche auf keinen Fall wieder hergeben. Er läßt sich drei Flaschen «in Reserve» schenken, um auch diesbezüglich ganz sicher zu sein.

Erprobte Entsprechungen
Bachblüten: Holly, Mimulus
Aromatherapie: Basilikum, Salbei, Melisse
Edelsteine: Bernstein, Chalcedon, Granat
Kahuna-Essenzen: Noni, Olena

Nummer 58, Hauptmittel, «Meister-Flasche»

Name der Flasche: Orion und Angelika
Farbe obere Ebene: Hellblau
Farbe untere Ebene: Hellrosa

Wichtigste Eigenschaften: Erhöht die Sensibilität; Wissen um den göttlichen Funken in jedem Menschen sowie diesen würdigen lernen. Sehr unterstützend bei emotionalen Krisen, auch in der Pubertät. Unterstützt die Heilung des «inneren Kindes». Bringt Widerstandskraft und Mut. Bringt die rechte und die linke Gehirnhälfte in Gleichklang.

Empfohlene körperliche Anwendungen: Hilft der Wirbelsäule. Sehr gut in der Rekonvaleszenz. Hilft Kindern, schneller zu gesunden.
Wo auftragen? Im Kopfbereich, an der Wirbelsäule sowie im Bereich des Unterbauchs.

Fallbeispiel: Diese Flasche ist bei allen Therapeuten beliebt, die viel mit der Heilung des «inneren Kindes» arbeiten. Viele von Ihnen «schwören» auf die B 58 in diesem Zusammenhang, den betreffenden Patienten geht es ebenso.

Erprobte Entsprechungen
Bachblüten: Holly
Aromatherapie: Petit Grain, Sandelholz, Tonka
Edelsteine: Prasem, Rhodonit
Kahuna-Essenzen: Awa, Essiak, Olena

Nummer 59, Hauptmittel, «Meister-Flasche»

Name der Flasche: Lady Portia
Farbe obere Ebene: Hellgelb
Farbe untere Ebene: Hellrosa

Wichtigste Eigenschaften: Unterstützt unsere Fähigkeit zu unterscheiden, ausgewogen und gerecht zu sein. Hilft uns, mit Humor, Dankbarkeit und Freude das Leben zu leben. Verhilft uns dazu, die Wahrheit zu erkennen und sie auch auszudrücken. Nimmt das Bedürfnis, andere Menschen und Situationen zu be- und verurteilen. Reinigend.

Empfohlene körperliche Anwendungen: Sehr hilfreich bei der Entgiftung und Reinigung. Besonders empfehlenswert in der Pubertät.
Wo auftragen? Auf den gesamten Rumpf.

Fallbeispiel: Harry, 59 J., lebt sein Leben. Er kann sich aber nicht daran freuen. «Ich leb' halt», sagt er. Er lacht kaum, seine Augen sind stumpf, er ist still und schläft viel. Weil er seine Ruhe haben will (wie er sagt), benutzt er, auf Vorschlag seiner Frau, die B 59, morgens und abends. Für Wochen geschieht nichts. Dann plötzlich kommt Bewegung in ihn. Er geht öfter aus, unternimmt mehr, trifft sich mit Kollegen und sucht sich Dinge, die ihm Freude machen. Er bemerkt selbst die Veränderung und freut sich.

Erprobte Entsprechungen
Bachblüten: Hornbeam, Wild Oat
Aromatherapie: Citronella, Lemongrass, Zitrone
Edelsteine: Apatit, Türkis
Kahuna-Essenzen: Kukui

Nummer 60, Hauptmittel, «Meister-Flasche»

Name der Flasche: Kwan Yin und Lao Tse
Farbe obere Ebene: Blau
Farbe untere Ebene: Klar

Wichtigste Eigenschaften: Bringt Schutz und Frieden. Unterstützt die Fähigkeit anzunehmen, um wieder geben zu können. Bringt uns in Verbindung mit unserem tiefsten Sein. Unterstützend, Begrenzungen aufzulösen, alte Leidensstrukturen zu befreien, ungeweinte Tränen zu weinen. Hilft dem ganzen Wesen, zu wachsen und seine Gefühle zu zeigen. Eine Befreiungs-Flasche.

Empfohlene körperliche Anwendungen: Beruhigend und kühlend.
Wo auftragen? Je nach Bedarf überall.

Fallbeispiel: Leo, 29 J., gibt sich cool. Aber er ist es nicht. Seine Freundin schenkt ihm eine Beratung, und er nimmt sie gerne an. Spontan greift er die B 60 und beginnt, mit ihr zu arbeiten. Wenige Tage später beginnt er, zunächst von seiner Kindheit zu träumen, später erinnert er sich spontan an belastende Situationen. All sein angestauter Ärger, seine Wut und seine (damalige) Hilflosigkeit kommen hoch. Er weint und schreit viel, von der Freundin unterstützt. Nach zehn Wochen fühlt er sich «wie neugeboren», was für ihn bedeutet, «frei von altem Müll» zu sein.

Erprobte Entsprechungen
Bachblüten: Wild Rose, Willow
Aromatherapie: Weihrauch, Ylang Ylang
Edelsteine: Disthen, Epidot
Kahuna-Essenzen: Essiak

Nummer 61, Hauptmittel, «Meister-Flasche»

Name der Flasche: Sanat Kumara
Farbe obere Ebene: Hellrosa
Farbe untere Ebene: Hellgelb

Wichtigste Eigenschaften: Unterstützt uns, von Abhängigkeiten (seien es Menschen oder auch Alkohol, Zigaretten usw.) loszukommen. Bringt alte Verletzungen, Ängste und Trauer ins Bewußtsein, um sie loslassen zu können. Unterstützt das Verständnis für die Wahrheit hinter den Dingen. Ehrlich mit uns selbst werden, liebevoll und zärtlich zu uns selbst sein. Die eigene Sexualität ausgewogen genießen.

Empfohlene körperliche Anwendungen: Sehr gut bei degenerativen Erkrankungen (Alzheimer usw.), um sie leichter zu akzeptieren. Hilfreich bei allen Schwierigkeiten im nervlichen Bereich. Hautkrankheiten.
Wo auftragen? Im Brust- und Bauchbereich.

Fallbeispiel: Dorothee, 35 J., lebt in einer Beziehung, in der sie sich sexuell abhängig fühlt. Aber sie kann sich seit Jahren nicht lösen. Sie ist verzweifelt, weil sie glaubt, das sei ihr Schicksal bis ans Lebensende. Als sie die B 61 sieht, freut sie sich und beginnt, mit ihr zu arbeiten. Nach gut einem Jahr hat sie die Beziehung verlassen können. Sie erzählt mir, daß sie nun ein verändertes Verhältnis zu ihrer Sexualität habe.

Erprobte Entsprechungen
Bachblüten: Rock Water, Larch, Willow
Homöopathie: Tarantula D 12, Lachesis D 12, Crocus D 4
Edelsteine: Calcit, Fluorit, Granat
Kahuna-Essenzen: Noni

Nummer 62, Hauptmittel, «Meister-Flasche»

Name der Flasche: Maha Cohan
Farbe obere Ebene: Helltürkis
Farbe untere Ebene: Helltürkis

Wichtigste Eigenschaften: Unterstützt die Inspiration und die Intuition. Kreativität drückt sich aus. Sich selbst kennen und der inneren Führung folgen. Heilt gebrochene Herzen. Befreit von Ängsten und alten Mustern. Läßt Gottvertrauen wachsen. Löst die Tendenz, sich selbst zu bestrafen sowie sich zu isolieren.

Empfohlene körperliche Anwendungen: Sehr gut für alle Probleme im Brustbereich (Herz, Lunge, Bronchien) sowie bei Sprachschwierigkeiten.
Wo auftragen? Im Brust- und Halsbereich.

Fallbeispiel: Helga, 39 J., hat einen Mann aus tiefster Seele geliebt. Aber diese Liebe wurde nicht erwidert. Es kam keine Beziehung zustande, sondern Zurückweisung, Verletzung. Obwohl sie es möchte, kann Helga dieses Trauma nicht überwinden, ist zu keiner weiteren Beziehung fähig, igelt sich ein. Mit der B 62 erfährt sie seit vielen Jahren erstmals wieder das Gefühl, an eine neue Bindung zu denken und sich diese zu wünschen. Sie ist jetzt hoffnungsvoll und kann ihr Herz wieder öffnen.

Erprobte Entsprechungen
Bachblüten: Wild Rose, Clematis, Star of Bethlehem
Homöopathie: Ignatia D 30, Natrium mur. D 200
Edelsteine: Dumortierit, Rhodolit
Kahuna-Essenzen: Awa, Olena

Nummer 63, Hauptmittel, «Meister-Flasche»

Name der Flasche: Djwal Khul und Hilarion
Farbe obere Ebene: Smaragdgrün
Farbe untere Ebene: Hellgrün

Wichtigste Eigenschaften: Bringt den Mut, die Wahrheit auszudrücken. Den Sinn des eigenen Lebens verstehen, d.h. die Fähigkeit, sich und andere zu verstehen (nicht zu urteilen!). Bringt eine neue Richtung ins Leben, ebenso tiefe Freude und Offenheit für jeden Moment. Löst Ängste und unterstützt die Fähigkeit, sich abzugrenzen.

Empfohlene körperliche Anwendungen: Bei allen Problemen im Brust- und Lungenbereich sowie der Halswirbelsäule.
Wo auftragen? Im Brust-, Lungen- und Halsbereich.

Fallbeispiel: Hans, 63 J., ist Chef eines großen Unternehmens. Viele Menschen sagen ihm, er solle doch endlich mal «positiv denken», aber er kann es nicht. Er lebt und denkt aus der Angst, bemerkt das aber und möchte es gerne verändern, weil es ihn zunehmend belastet. Die B 63 kommt ihm gerade recht – er startet einen Versuch. Nach ein paar Monaten ist für seine Umgebung eine Veränderung wahrnehmbar, für ihn selbst erst einen Monat später. Er bemerkt, daß er jetzt Entscheidungen trifft, die er vorher niemals so getroffen hätte. Er ist sehr froh darüber.

Erprobte Entsprechungen
Bachblüten: Rescue, Star of Bethlehem
Homöopathie: Crataegus, Kalium carb. D 4
Edelsteine: Labradorit, Saphir, Zoisit
Kahuna-Essenzen: Kukui

Nummer 64, Hauptmittel, «Meister-Flasche»

Name der Flasche: Djwal Khul
Farbe obere Ebene: Smaragdgrün
Farbe untere Ebene: Klar

Wichtigste Eigenschaften: Bringt Balance zwischen Verstand und Gefühl, hilft zu lernen, das Richtige zur rechten Zeit zu tun. Unterstützt das Vermeiden von falschen Kompromissen. Auflösen von tiefer Trauer. Bringt «Licht» auf den Lebensweg, d.h. verhilft zur Klarheit, Weisheit und Frieden im Herzen. Liebevolle Beziehungen, ein Neubeginn.

Empfohlene körperliche Anwendungen: Wirkt stark entgiftend, besonders nach schwierigen Phasen im Leben. Ebenso gut für alle Probleme des Brust- und Lungenbereichs.
Wo auftragen? Im Brust- und Lungenbereich.

Fallbeispiel: Angelika, 29 J., hat trotz eines problemlosen Lebens ständig das Gefühl, «da ist noch mehr». Dieses Gefühl treibt sie an zu suchen. Als sie die B 64 sieht, weiß sie sofort, «das ist meine Flasche». Sie arbeitet für gute zwei Monate täglich zweimal mit ihr und schreibt mir dann: «Ich danke Ihnen für dieses Lichterlebnis. Jetzt weiß ich, warum ich immer gesucht habe und was ich gesucht habe. Ich habe das Licht in mir gesehen. Es hat mein ganzes Leben viel schöner werden lassen.»

Erprobte Entsprechungen
Bachblüten: Holly, Wild Oat
Aromatherapie: Schafgarbe, Vanille
Edelsteine: Apophyllit, Granat
Kahuna-Essenzen: Popolo, Essiak

Nummer 65, Hauptmittel

Name der Flasche: Den Kopf im Himmel und die Füße auf der Erde haben
Farbe obere Ebene: Violett
Farbe untere Ebene: Rot

Wichtigste Eigenschaften: Hilft, sein Leben fest in der Hand zu haben – Meister des eigenen Lebens zu sein. Bringt Freiheit, Ehrlichkeit und Stärke. Unterstützt Hellsichtigkeit. Erdet gut und wirkt aufbauend. Verstärkt das Gefühl des Erfülltseins, unterstützt Selbstdisziplin (im positiven Sinne) und die Fähigkeit, Distanz zu halten.

Empfohlene körperliche Anwendungen: Generell sehr empfehlenswert, um die Energie in den Fluß zu bringen. Besonders hilfreich im Bereich der Lendenwirbelsäule.
Wo auftragen? Füße, Beine, Unterbauch bzw. Kopfbereich.

Fallbeispiel: Arnold, 32 J., arbeitet mit Idealismus im einem Heim für psychisch Kranke. Aber er ist immer energielos und müde, die Arbeit strengt ihn daher sehr an. Mit der B 65 fand er eine Lösung. Er trägt die Emulsion zweimal täglich auf und fühlt bereits nach wenigen Tagen einen deutlichen Unterschied. Nach ein paar Wochen sagt er mir: «Ich bin stark wie ein Bär – einfach toll.»

Erprobte Entsprechungen
Bachblüten: Olive
Aromatherapie: Rosenholz, Wacholder
Edelsteine: Heliotrop, Variscit
Homöopathie: Alumina D 6, Selenium D 12, Arsenicum alb. D 6
Kahuna-Essenzen: Essiak

Nummer 66

Name der Flasche: Die Schauspielerin
Farbe obere Ebene: Hellviolett
Farbe untere Ebene: Hellrosa

Wichtigste Eigenschaften: Bringt die Erkenntnis, daß uns das Leben unterschiedliche Rollen vorgibt. Lernen, diese Rollen zu spielen, ohne sich mit ihnen zu sehr zu identifizieren. Zärtlichkeit für sich selbst.

Empfohlene körperliche Anwendungen: Alle Schwierigkeiten, die aufgrund von Nervosität entstehen.
Wo auftragen? Im Unterbauchbereich, Kopfbereich.

Nummer 67, Hauptmittel

Name der Flasche: Göttliche Liebe
Farbe obere Ebene: Magenta
Farbe untere Ebene: Magenta

Wichtigste Eigenschaften: Die Spiritualität im Alltag: hilft *alles*, was wir tun, mit Liebe zu tun – das Bewußtsein in den Moment bringen und Gott durch unser Handeln in jedem Moment ehren. So werden Aufmerksamkeit, Konzentration, Geduld und innere Ruhe stimuliert. Löst Tendenzen, sich zu überfordern, enttäuscht zu sein und sich immer mit anderen vergleichen zu müssen. Gut bei Depressionen. Bringt mehr Zärtlichkeit und Empfänglichkeit in den Alltag.

Empfohlene körperliche Anwendungen: Herzprobleme.
Wo auftragen? Überall auf dem Rumpf.

Fallbeispiel: Karl, 45 J., hält sich für «hart gesotten». Ihn kann nichts und niemand erschüttern. Gefühle hält er für überflüssig. Fakten allein zählen. Dennoch findet er die B 67 «schön» und nimmt sie mit nach Hause. Wie er mir später berichtet, mußte er immer öfter weinen (was er seit seiner Kindheit nicht mehr getan hatte). «Irgend etwas in meinem Herzen geschah – aber was Gutes.» Er ist immer noch ein harter Geschäftsmann, aber er hat endlich «seine andere Seite» entdeckt.

Erprobte Entsprechungen
Bachblüten: Vine, Beech
Aromatherapie: Ingwer, Koriander, Muskat
Edelsteine: Heliotrop, Prasem, Turmalin
Homöopathie: Phosphorus D 12
Kahuna-Essenzen: Koali

Nummer 68

Name der Flasche: Gabriel
Farbe obere Ebene: Blau
Farbe untere Ebene: Violett

Wichtigste Eigenschaften: Unterstützt die Transformation. Bringt Klarheit über die eigene Lebensaufgabe, diese zu planen und zu organisieren. Vereint Sensitivität und Spiritualität.

Empfohlene körperliche Anwendungen: Allgemein beruhigend.
Wo auftragen? Hals- und Kopfbereich.

Nummer 69

Name der Flasche: Klingende Glocke
Farbe obere Ebene: Magenta
Farbe untere Ebene: Klar

Wichtigste Eigenschaften: Das echte Bemühen um die anderen. Erreichen einer tiefen Zufrieden- und Ausgeglichenheit.

Empfohlene körperliche Anwendungen: Impotenz, Frigidität.
Wo auftragen? Auf dem gesamten Rumpf.

Nummer 70

Name der Flasche: Vision von Herrlichkeit
Farbe obere Ebene: Gelb
Farbe untere Ebene: Klar

Wichtigste Eigenschaften: Löst Lethargie, geistige Irritation sowie Einsamkeit. Bringt Zufriedenheit, Schutz und Freude.

Empfohlene körperliche Anwendungen: Unterstützt den Körper dabei, Nährstoffe besser aufzunehmen.
Wo auftragen? Im Bereich des Solarplexus.

Nummer 71

Name der Flasche: Essener Flasche Nr. 2
Farbe obere Ebene: Rosa
Farbe untere Ebene: Klar

Wichtigste Eigenschaften: Hilft dabei zu lernen, sich um sich selbst zu kümmern und sich selbst zu lieben.

Empfohlene körperliche Anwendungen: Gut bei Menstruationsbeschwerden aller Art.
Wo auftragen? Im Unterbauchbereich.

Nummer 72, Hauptmittel

Name der Flasche: Der Clown
Farbe obere Ebene: Blau
Farbe untere Ebene: Orange

Wichtigste Eigenschaften: Hilft, Abhängigkeiten und Suchtverhalten zu lösen. Verhilft zu wirklich tiefen Einsichten. Die Möglichkeit, den eigenen kleinen Willen dem «großen Ganzen» unterzuordnen. Das Finden tiefer Glücksgefühle von Harmonie, Humor und Demut.

Empfohlene körperliche Anwendungen: Sehr hilfreich nach körperlichem (z. B. Prügel) oder sexuellem Mißbrauch, ebenso bei allen Schwierigkeiten im Bereich der Sexualität.
Wo auftragen? Auf den gesamten Rumpf.

Fallbeispiel: Hilde, 58, war lange Jahre der Meinung, von ihren Verwandten um einen sehr großen Geldbetrag «betrogen worden» zu sein. Sie konnte es nicht verwinden, war verbittert und böse. Körperliche Beschwerden waren eine weitere Folge. Ihre Tochter brachte ihr die B 73. Der Tochter zuliebe begann sie mit ihr zu arbeiten. Im Verlauf der folgenden sechs Monate veränderte sich ihre Sicht. Sie konnte ihre Verwandten anrufen und um Versöhnung bitten. Ihre körperlichen Beschwerden wurden ebenfalls viel leichter. Sie setzt die Therapie fort.

Erprobte Entsprechungen
Bachblüten: Gentian, Elm, Vine
Edelsteine: Turmalin, Zirkon
Homöopathie: Acidum oxalicum D 4, dann Berberis vulgaris D 4, dann Lithum carb. D 4, jeweils vier Wochen lang
Kahuna-Essenzen: Noni

Nummer 73

Name der Flasche: Chang-Tsu
Farbe obere Ebene: Gold
Farbe untere Ebene: Klar

Wichtigste Eigenschaften: Verbindet mit dem Licht im Inneren. Löst sehr tiefe Ängste und Verkrampfungen gegenüber anderen. Befreit von Zwängen der Anpassung an die Erwartung anderer.

Empfohlene körperliche Anwendungen: Besonders hilfreich für jene, die ihren Körper nicht lieben und ihre Sexualität ebenso wenig.
Wo auftragen? Im Bauch- und Unterbauchbereich.

Nummer 74, Hauptmittel

Name der Flasche: Der Triumph
Farbe obere Ebene: Hellgelb
Farbe untere Ebene: Hellgrün

Wichtigste Eigenschaften: Hilft sehr dabei, die Bedeutung des eigenen Lebens herauszufinden. Unterstützt den Glauben an die Liebe, die Wahrheit, die Gleichheit aller Wesen. Löst Armutsdenken, geistige Enge, Ängste und Enttäuschungen auf.

Empfohlene körperliche Anwendungen: Gut bei allen psychosomatischen Krankheiten, besonders jenen, die auf generelle «Verkrampfung» zurückzuführen sind (z. B. Krampfadern).
Wo auftragen? Im Herz- und Solarplexusbereich, sowie unter Umständen an den betroffenen Körperstellen.

Fallbeispiel: Lucie, 39 J., ist, solange sie denken kann, gehemmt. Sie hat Angst, spontan ihre Gefühle zu zeigen. Sie ist schüchtern und verklemmt und findet es furchtbar. Als sie der B 74 begegnet, ist das «Liebe auf den ersten Blick». Mehrmals täglich arbeitet sie mit der Flasche. («Ich kann gar nicht anders», sagt sie.) Als ich sie nach vier Monaten wieder sehe, ist sie verändert. Nicht nur äußerlich ist sie eine andere Frau, sondern sie fühlt sich auch so. «Diese Flasche gebe ich nie mehr aus der Hand», sagt sie und lacht. Sie ist glücklich mit sich.

Erprobte Entsprechungen
Bachblüten: Mimulus
Aromatherapie: Wacholder, Wiesenkönigin
Edelsteine: Granat, Malachit, Pinkopal
Homöopathie: Lycopus D 4
Kahuna-Essenzen: Noni, Kukui

Nummer 75, Hauptmittel

Name der Flasche: Mit dem Fluß gehen
Farbe obere Ebene: Magenta
Farbe untere Ebene: Türkis

Wichtigste Eigenschaften: Unterstützt dabei, die eigenen Fähigkeiten zu finden und zu trainieren. Verhilft der «Einzigartigkeit» jedes Menschen zum Durchbruch. Hilft, alle negativen Gedanken- und Gefühlsmuster abzustreifen und der Liebe in sich zu begegnen. Löst vor allem auch das Gefühl, ein «Opfer» oder «Märtyrer» zu sein.

Empfohlene körperliche Anwendungen: Besonders empfehlenswert bei Arthritis und Rheuma sowie bei anderen chronischen Zuständen.
Wo auftragen? Auf dem gesamten Körper.

Fallbeispiel: Frieda, 79 J., geht schon seit Jahren am Stock. «Die Gelenke wollen nicht mehr», sagt sie und meint, damit müsse sie nun leben. Sie sieht die B 75 und empfindet sie als «Schmuckstück». Auf meinen Vorschlag, täglich mehrmals die Gelenke mit der Emulsion einzureiben, geht sie gerne ein. Da sie viel Zeit hat, reibt sie sich alle zwei bis drei Stunden ein, «weil es so guttut». Zunächst nimmt sie nur wahr, daß das Einreiben eine Wohltat ist. Wochen später fühlt sie weniger Schmerzen, und nach fünf Monaten ist sie fast gänzlich ohne Schmerzen. Eine große Erleichterung für sie, denn sie fühlt sich auch seelisch viel besser.

Erprobte Entsprechungen
Bachblüten: Holly
Aromatherapie: Cajeput, Cassia, Douglasie
Edelsteine: Chiastolith, Malachit, Türkis
Homöopathie: Calcium fluoratum D 6
Kahuna-Essenzen: Noni

Nummer 76, Hauptmittel

Name der Flasche: Vertrauen
Farbe obere Ebene: Rosa
Farbe untere Ebene: Gold

Wichtigste Eigenschaften: Öffnet die intuitive Weisheit. Verleiht mehr Beständigkeit, Konzentrationsfähigkeit, Geduld, Selbstrespekt und Hingabe, wichtige Voraussetzungen, um sich auf sich selbst zu verlassen und somit «mit» dem Leben zu gehen und nicht «dagegen».

Empfohlene körperliche Anwendungen: Harmonisierung des hormonellen Systems.
Wo auftragen? Im Bauch- und Unterbauchbereich.

Fallbeispiel: Ursula, 45 J., ist eine klassische Kämpferin. Sie hat das Muster, um alles und immer kämpfen zu müssen, und zwar ohne sich eine Pause zu gönnen. Bereits in ihrem Alter ist sie vor lauter Kämpfen müde und fühlt sich auch so. «Das Leben macht doch keinen Spaß», sagt sie, «das macht doch einfach keinen Sinn.» Sie beginnt, mit der B 76 zu arbeiten und bestellt sie immer wieder nach. Nach einem halben Jahr kann sie vieles leichter nehmen und erlaubt sich endlich auch Verschnaufpausen. Sie arbeitet aber weiter mit der Flasche. «Ich will noch mehr erreichen», meint sie.

Erprobte Entsprechungen
Aromatherapie: Vanille, Zeder
Edelsteine: Epidot
Homöopathie: Ambra D 3, Agaricus D 4, Cocculus D 4
Kahuna-Essenzen: Essiak, Kukui

Nummer 77, Hauptmittel

Name der Flasche: Der Kelch
Farbe obere Ebene: Klar
Farbe untere Ebene: Magenta

Wichtigste Eigenschaften: Unterstützt die Fähigkeit, sich selbst (das Ego) nicht so ernst zu nehmen, seine «Spielchen» zu erkennen und darüber zu lachen. Bringt uns mit dem Göttlichen in Einklang, lindert Perfektionismus. Die Bedürfnisse einer Gruppe wahrnehmen lernen und gleichzeitig die eigenen Wünsche zurückstellen können.

Empfohlene körperliche Anwendungen: Löst Stauungen im Körper, z. B. Verstopfung. Beruhigt das hormonelle System. **Wo auftragen?** Überall auf den Körper.

Fallbeispiel: Marianne, 38 J., fühlt sich als Ehefrau und Mutter von drei Kindern «wie ein Putzlumpen». Sie beklagt sich darüber, daß niemand auf ihre Bedürfnisse Rücksicht nähme, alle wollten nur immer etwas von ihr. «Alles, was ich tue», sagt sie, «ist selbstverständlich. Niemand bedankt sich auch nur dafür. Mir reicht's!» Sie beginnt mit der B 77. Nach einigen Wochen ruft sie an und berichtet, daß sie jetzt täglich eine Stunde ganz für sich hat, in der sie niemand stören dürfe. «Das tut richtig gut.» Nach weiteren zwei Monaten nimmt sie sich ihre Zeit, die sie für sich möchte, richtet sich ein eigenes Zimmer ein und gibt der Familie viel mehr Kraft und Liebe, als es ihr vorher möglich war.

Erprobte Entsprechungen
Bachblüten: Centaury, Red Chestnut
Edelsteine: Opal, Rubin, Topas Imperial
Homöopathie: China D 4, Phosphorus D 4
Kahuna-Essenzen: Kukui

Nummer 78, Hauptmittel

Name der Flasche: Kronen-«Notfall-Flasche»
Farbe obere Ebene: Violett
Farbe untere Ebene: Purpurmagenta

Wichtigste Eigenschaften: Verhilft zu der Erkenntnis, daß das Leben unser größter Lehrer ist. Alles, was mir geschieht, dient meinem Verständnis und ist daher zu meinem Besten. Hilft, Vorurteile und Unzufriedenheit aufzulösen, unterstützt den «höheren» Willen, Demut, Konzentrationsfähigkeit und vertieft das Verständnis des «Dienens».

Empfohlene körperliche Anwendungen: Speziell für Kopfschmerzen und Migräne, aber auch bei allen Schmerzen, besonders Rückenschmerzen, allen akuten Zuständen und Verletzungen, Bluthochdruck, Durchfall, Ischias, Bronchitis, stärkt das Immunsystem, hilfreich bei Sinusitis, Blasenentzündungen.
Wo auftragen? Im Kopf- und Halsbereich.

Fallbeispiel: Diese Flasche hat sehr vielen Patienten geholfen. Sie hat ganz allgemein immer dazu beigetragen, einen «Schicksalsschlag», der als hart, ungerechtfertigt und ungerecht empfunden wurde, zunächst einmal zu akzeptieren. Damit wurde aus dem «Nein, ich will das nicht!» zunächst einmal ein «So-ist-Es». Im weiteren Verlauf der Behandlung zeigte sich immer die Bereitschaft, dieses Ereignis als Lernaufgabe anzunehmen und zu versuchen, tiefes inneres Verstehen und Vergebung zu entwickeln. In allen Fällen hat sich das Herz wieder geöffnet.

Erprobte Entsprechungen
Bachblüten: Elm, Gentian, Wild Rose, Willow
Edelsteine: Amazonit, Amethyst, Zirkon
Homöopathie: Pulsatilla D 4, Lilium tigrinum D 4, Ignatia D 30
Kahuna-Essenzen: Noni, Koali

Nummer 79, Hauptmittel

Name der Flasche: Die Straußflasche
Farbe obere Ebene: Orange
Farbe untere Ebene: Violett

Wichtigste Eigenschaften: Hilft vor allem jenen, die sich ihrem Leben nicht stellen wollen, Angst vor diesen Folgen haben. Auch jenen, die einen geliebten Menschen verloren haben, der ihnen viel bedeutete. Hilft sehr gut, diese Muster zu lösen, öffnet für Unabhängigkeit, Selbst- und Nächstenliebe. Verhilft dazu, freie Entscheidungen zu treffen, anstatt sich durch Erwartungen anderer oder durch die eigenen, alten Muster bestimmen zu lassen. Harmonie von Körper, Geist und Seele.

Empfohlene körperliche Anwendungen: Sehr empfehlenswert bei allen sexuellen Problemen, die auf ungelösten Schuldgefühlen basieren.
Wo auftragen? Im Kopf- und Unterbauchbereich.

Fallbeispiel: Stefan, 34 J., lebt seit vielen Jahren in einer festen Beziehung und ist ebenfalls seit vielen Jahren nicht glücklich damit. Er glaubt, sich nicht lösen zu können, weil «ich ihr etwas schuldig bin». Seit Jahren fühlt er sich impotent. Ihn schaudert bei dem Gedanken, so bis an sein Lebensende weiterzuleben. Sein Ausweg ist die B 79. Er arbeitet intensiv mit ihr. Nach etwa zwei Monaten bewegt sich die Beziehung. Sie trennen sich in Güte. Stefan ist heute glücklich verheiratet und – wie er sagt – «alles andere als impotent».

Erprobte Entsprechungen
Bachblüten: Pine
Edelsteine: Peridot, Sodalith
Homöopathie: Agnus castus D 6, Staphisagria D 12
Kahuna-Essenzen: Olena

Nummer 80, Hauptmittel

Name der Flasche: Artemis
Farbe obere Ebene: Rot
Farbe untere Ebene: Rosa

Wichtigste Eigenschaften: Bringt sehr viel Energie ins Leben. Verleiht die Kraft und den Mut, die eigenen Wünsche und Visionen zu realisieren. Löst sexuelle Probleme sowie alte Wut. Ebenso Überlebensängste in bezug auf die materielle Seite des Lebens. Öffnet für die Einsicht, daß sich alles im Leben durch die Liebe lösen wird. Bringt mehr Selbstliebe und Zärtlichkeit im Umgang mit alltäglichen Dingen.

Empfohlene körperliche Anwendungen: Regt das hormonelle System an, wirkt körperlich generell energetisierend.
Wo auftragen? Im Bereich des Unterbauchs.

Fallbeispiel: Hedwig, 39 J., möchte das Angestelltendasein aufgeben. Sie träumt von einem Buch- und Geschenkladen. Aber sie hat Angst, sich finanziell zu übernehmen bzw. Angst vor einer Pleite. Dennoch läßt der Gedanke sie nicht los. Sie versucht die B 80. Schon nach kurzer Zeit berichtet sie mir, daß sie jetzt eher bereit sei, das Risiko einzugehen. Dann ruft sie an und lacht: «Ich habe die Räume gemietet.» Sie läßt sich von ihren Ängsten nicht mehr bremsen. «Es geht mir so gut wie lange nicht mehr mit dieser Entscheidung», sagt sie. Der Laden floriert.

Erprobte Entsprechungen
Bachblüten: Rescue, Rock Rose, Walnut
Edelsteine: Moosachat, Rutilquarz, Sugilith
Homöopathie: Ambra D 3
Kahuna-Essenzen: Olena

Nummer 81

Name der Flasche: Bedingungslose Liebe
Farbe obere Ebene: Rosa
Farbe untere Ebene: Rosa

Wichtigste Eigenschaften: Öffnet das Herz für die göttliche Liebe und stillt somit die Sehnsucht nach ihr. Sehr hilfreich bei Beziehungsproblemen, stärkt die Selbstakzeptanz. Bringt Wärme, Zärtlichkeit, Mitgefühl und Intuition in den Alltag.

Empfohlene körperliche Anwendungen: Gut bei Übergewicht aufgrund von hormonellen Störungen.
Wo auftragen? Im Unterbauchbereich.

Nummer 82

Name der Flasche: Calypso
Farbe obere Ebene: Grün
Farbe untere Ebene: Orange

Wichtigste Eigenschaften: Unterstützend bei einem Neubeginn. Löst alte Schocks und Traumata (schlechte Vaterbeziehung) sowie Depressionen, Ängste und Suchtverhalten. Bringt Klarheit ins Herz.

Empfohlene körperliche Anwendungen: Herz, Lunge, Bronchien.
Wo auftragen? Im Brustbereich.

Nummer 83

Name der Flasche: Sesam, öffne Dich!
Farbe obere Ebene: Türkis
Farbe untere Ebene: Gold

Wichtigste Eigenschaften: Wirkt unterstützend, um an die innere Vision und an die dazugehörende Kraft zur Umsetzung zu kommen. Die Kreativität und die Wahrheit des Herzens entfalten sich.

Empfohlene körperliche Anwendungen: Reguliert den Blutzucker.
Wo auftragen? Auf den gesamten Rumpf.

Nummer 84

Name der Flasche: Kerze im Wind
Farbe obere Ebene: Rosa
Farbe untere Ebene: Rot

Wichtigste Eigenschaften: Unterstützt das innere Bedürfnis, weniger für sich und mehr für andere zu leben und zu wirken. Bringt Kontakt zur Christusenergie, Erwachen eines tiefen Mitgefühls für sich und andere.

Empfohlene körperliche Anwendungen: Hormonelle Störungen, wie auch sexuelle Störungen.
Wo auftragen? Im Unterbauchbereich.

Nummer 85

Name der Flasche: Titania
Farbe obere Ebene: Türkis
Farbe untere Ebene: Klar

Wichtigste Eigenschaften: Bringt die Verbindung mit dem inneren Lehrer. Hilft, das eigene Potential auszudrücken und alte Traumata zu lösen (Kindheit). Lernen, über Gefühle und Ängste zu sprechen.

Empfohlene körperliche Anwendungen: Herz-, Lungen- und Bronchialbeschwerden. Wirkt entzündungshemmend.
Wo auftragen? Im Brust- und Lungenbereich.

Nummer 86

Name der Flasche: Oberon
Farbe obere Ebene: Klar
Farbe untere Ebene: Türkis

Wichtigste Eigenschaften: Unterstützt, spirituelle Wahrheiten und Werte über das Herz auszudrücken. Das Herz bekommt Raum, nicht geweinte Tränen fließen, alle Gefühle dürfen einfach «da» sein.

Empfohlene körperliche Anwendungen: Eine leichte Schockflasche, besonders für die, die viel mit Computern arbeiten. Streßlindernd.
Wo auftragen? Im Kopf- und Brustbereich.

Nummer 87, Hauptmittel

Name der Flasche: ohne Namen
Farbe obere Ebene: Koralle
Farbe untere Ebene: Koralle

Wichtigste Eigenschaften: Hilft, spirituelle Erkenntnisse zu erlangen, bringt Freude und Glück ins Leben. Eine andere Version der Christusenergie. Löst Glaubenssätze wie: «Ich bin nicht gut genug.» «Mich liebt ja doch keiner.» «Ich vertraue niemandem.» Löst Schocks, die aus Beziehungen resultieren. Lässt Liebe und Weisheit wachsen.

Empfohlene körperliche Anwendungen: Kreislaufunterstützend, heilsam für Magen-, Darm- und Gallenprobleme.
Wo auftragen? Im Bauch- und Unterbauchbereich.

Fallbeispiel: Anette, 34 J., hat nach einer Gallenoperation immer noch «Gallenschmerzen», obwohl die Galle entfernt wurde. Sie ist deswegen sehr besorgt, hat Angst vor einer weiteren Operation. Mit der B 87 beginnt sie spontan zu arbeiten und berichtet bereits nach vier Wochen, daß die Schmerzen wesentlich seltener aufträten. Nach vier Monaten hat sie keine Schmerzen mehr. Sie sind auch bislang nicht wieder aufgetreten.

Erprobte Entsprechungen
Bachblüten: Rescue, Star of Bethlehem
Aromatherapie: Bergamotte, Immortelle, Karotte
Edelsteine: Bernstein, Peridot
Homöopathie: Cheledonium D 6
Kahuna-Essenzen: Olena

Nummer 88, Hauptmittel

Name der Flasche: Der Jade-Herrscher
Farbe obere Ebene: Grün
Farbe untere Ebene: Blau

Wichtigste Eigenschaften: Das Verstehen des Herzens. Das Erreichen des inneren Gleichgewichts. Öffnet für tiefen Frieden, Klarheit und Konsequenz, festigt die Liebe zum Leben selbst. Löst Eifersucht, Neid und andere emotionale Blockaden, besonders Beziehungen betreffend. Die innere Wahrheit kann sich durch Kreativität ausdrücken.

Empfohlene körperliche Anwendungen: Hervorragend bei der Veränderung von Eßgewohnheiten. Außerdem generell hilfreich für den Brust- und Lungenbereich. Halswirbelsäule und Schulterpartien.
Wo auftragen? Im Brust- und Lungenbereich, an Hals und Schultern.

Fallbeispiel: Maria, 42 J., hat massives Übergewicht. Alle Diäten haben nur kurzen Erfolg gebracht. Sie plant eine radikale Umstellung der Ernährungsgewohnheiten, fällt aber immer wieder in ihre «Naschattacken» zurück. Sie haßt sich selbst dafür. Sie greift sofort nach der B 88 und beginnt mit ihr zu arbeiten. Langsam, aber sicher verändert sich ihr Gefühl zu ihrem Körper. Sie kann ihre «Attacken» besiegen und stellt ihre Ernährung völlig um. Nach einem Jahr hat sie ihr Normalgewicht.

Erprobte Entsprechungen
Bachblüten: Cherry Plum, Pine, Walnut
Aromatherapie: Basilikum, Salbei, Melisse
Edelsteine: Versteinertes Holz
Homöopathie: Antimonium crud. D 4, Nux vomica D 4
Kahuna-Essenzen: Essiak, Olena

Nummer 89, Hauptmittel

Name der Flasche: Energie-Notfall-Flasche
Farbe obere Ebene: Rot
Farbe untere Ebene: Purpurmagenta

Wichtigste Eigenschaften: Hilft, alten Groll und alte Wut zu transformieren sowie sexuelle Probleme zu lösen. Öffnet die Kundalini- und Selbstheilungsenergien, beschleunigt das persönliche Wachstum. Fördert das Selbstwertgefühl und bringt mehr innere Stabilität.

Empfohlene körperliche Anwendungen: Sehr hilfreich bei starker Lethargie, Apathie bzw. Energielosigkeit. Hilfreich bei Frigidität und Impotenz. Unterstützt das Immunsystem.
Wo auftragen? Im Bauch- und Unterbauchbereich, nicht über dem Bauchnabel.

Fallbeispiel: Johanna, 78 J., hat eine Lungenentzündung hinter sich. Aber sie erholt sich nicht. Seit Wochen ist sie so schwach, daß sie kaum aus dem Bett kommt. Ihr gefällt die B 89. Die Tochter beginnt, ihre Mutter mehrmals mit der Emulsion einzureiben und bemerkt zu ihrem Erstaunen, daß die Mutter nach einer Woche aufsteht und sich selbst das Frühstück herrichtet. Ihre Augen bekommen wieder Glanz, und sie beginnt, für die Enkelkinder zu stricken. Sie fühlt sich wieder wohl. Allerdings benötigt sie die B 89 weiterhin mehrmals täglich.

Erprobte Entsprechungen
Bachblüten: Olive, Rescue
Aromatherapie: Angelikawurzel, Cassie, Weißtanne
Edelsteine: Aventurin, Mookait, Dioptas
Homöopathie: Helonias dioica D 3, Carbo veg. D 30
Kahuna-Essenzen: Awa

Nummer 90, Hauptmittel

Name der Flasche: Weisheits-Notfall-Flasche
Farbe obere Ebene: Gold
Farbe untere Ebene: Purpurmagenta

Wichtigste Eigenschaften: Unterstützt die Entscheidung, mit Gott in Harmonie zu kommen und diese Energie in die Welt zu tragen. Die Offenheit, sich von der höheren Weisheit führen zu lassen. Löst Ängste und bringt die Liebe in den «ganz normalen Alltag». Das Wissen um die Kraft der göttlichen Liebe. Hilft, auch tiefste Probleme zu lösen.

Empfohlene körperliche Anwendungen: Unterstützt Magen, Leber und Pankreas bei nervöser Überreizung, hilfreich zur Beruhigung der Nerven sowie gut für die Haut.
Wo auftragen? Im gesamten Bauchbereich.

Fallbeispiel: Jochen, 32 J., arbeitet viel und gerne an der Börse. Jedoch ist sein Nervensystem dieser Anspannung nicht immer gewachsen. So klagt er seit Jahren immer wieder über Verdauungsbeschwerden, Magenschmerzen und Druck im Bereich der Leber. Organisch ergibt sich kein Befund. Seine Frau schenkt ihm die B 90 und er beginnt sogleich mit ihr zu arbeiten, regelmäßig und konsequent. Nach zwei Monaten höre ich, daß er überhaupt nichts mehr spürt; nach einem halben Jahr berichtet seine Frau, auch seine Belastbarkeit sei besser geworden. Die Oberbauchbeschwerden seien völlig verschwunden.

Erprobte Entsprechungen
Bachblüten: Oak, Elm,
Aromatherapie: Galbanum, Meerkiefer, Zypresse
Edelsteine: Azurit-Malachit, Kupferchalcedon, Turmalin
Homöopathie: Ambra D 3, Agaricus D 4, Cocculus D 4
Kahuna-Essenzen: Essiak, Olena

Nummer 91, Hauptmittel

Name der Flasche: Weibliche Führerschaft
Farbe obere Ebene: Olivgrün
Farbe untere Ebene: Olivgrün

Wichtigste Eigenschaften: Lernen, aus dem Herzen zu führen. Hilft, Spiritualität allgemein verständlich werden zu lassen. Wahrheitsliebe. Bringt neue Möglichkeiten des Handelns. Löst Kritiksucht, Bitterkeit, Neid und Ängste und bringt Freude, Weite und Lockerheit als tragendes Element für den Alltag ins Leben.

Empfohlene körperliche Anwendungen: Für alle Arten von Verkrampfungen, auch im Bereich der Wirbelsäule, im Brust- und Lungenbereich. Unterstützt die Niere bei der Entgiftung.
Wo auftragen? Im Brust- und Lungenbereich sowie in der Nierenregion.

Fallbeispiel: Eine meiner Freundinnen, eine geniale Heilerin, hatte seit langer Zeit Vorbehalte, mit ihrem Wissen an die Öffentlichkeit zu gehen. Sie glaubte, sie müsse noch viel mehr lernen, «bevor es soweit ist». Sie konnte der Wahrheit ihres Herzens nicht so recht vertrauen. Mit der B 91 begann für sie eine neue Phase. Kaum hatte sie begonnen, diese Flasche zu benutzen, klingelte ihr Telefon ununterbrochen, und Menschen baten sie um ihre Hilfe. In den folgenden sechs Monaten hatte sie so viel Erfolg, daß sie sich «gezwungen» sah, eine kleine Praxis zu eröffnen. Sie ist der B 91 für diesen «Schubs» sehr dankbar.

Erprobte Entsprechungen
Bachblüten: Cerato, Mimulus
Aromatherapie: Rose, Wacholder, Zitrone
Edelsteine: Charoit, Dioptas, Serpentin
Homöopathie: Nux vomica D 4
Kahuna-Essenzen: Olena

Nummer 92, Hauptmittel

Name der Flasche: Gretel-Flasche
Farbe obere Ebene: Koralle
Farbe untere Ebene: Olivgrün

Wichtigste Eigenschaften: Führt in neue Dimensionen des Bewußtseins: bringt seelisches Gleichgewicht, Gerechtigkeit und Fairness und verhilft dazu, tiefe Freude im eigenen Bewußtsein wahrzunehmen, um sie in die Welt weiterzuleiten. Setzt die Energie der «Göttin» frei, der Schlüssel zur Heilung der Erde wie auch aller Herzen. Vielleicht auch ein Schlüssel zum «universellen Erwachen»? Neue Führungsqualitäten: Liebe und Weisheit ohne Angst und Wettbewerb. Eine neue Art der Zusammenarbeit, die jenseits der alten Abhängigkeiten und Wettbewerbsgedanken ein neues Ziel hat: das Vereinen in Liebe und Verständnis füreinander. Der Ausdruck der weiblichen Führungsqualitäten.

Empfohlene körperliche Anwendungen: Krampfzustände, vor allem im gesamten Verdauungstrakt.
Wo auftragen? Im Bauch- und Unterbauchbereich.

Fallbeispiel: Anita, 39 J., und Maria, 42 J., wollten gemeinsam eine Praxis für Körpertherapie eröffnen. Aber bereits bei den Verhandlungen entstehen ernsthaft Kompetenzfragen. Jede möchte der anderen sagen, was «richtig» ist. Eine Einigung ist nicht möglich. Beide entscheiden sich für den Versuch, über die B 92 zu einer Lösung zu kommen und beginnen mit der intensiven Anwendung. Langsam öffnen sich die Fronten, und nach drei Monaten sind beide in der Lage, die besonderen Fähigkeiten der anderen zu unterstützen und zu wertschätzen. Die Praxis ist eröffnet – es läuft gut.

Nummer 93, Hauptmittel

Name der Flasche: Hänsel-Flasche
Farbe obere Ebene: Koralle
Farbe untere Ebene: Türkis

Wichtigste Eigenschaften: Das Integrieren neuer Dimensionen in unser Bewußtsein, der kreative Ausdruck eines generell universellen Erwachens. Die Frage «Wer bin ich wirklich?» findet eine neue Antwort. Der innere Lehrer übernimmt die Führung und leitet uns in eine neue Form des Zusammenwirkens aus dem Herzen heraus. Das neue Verständnis des männlichen Prinzips in uns und die Möglichkeit, mit diesem Prinzip auf neue Weise umzugehen. Die Wiedervereinigung der Welt in einer Stimme: das Herz. Das Ende des Konflikts zwischen männlich und weiblich. Wenn der Verstand wie das Herz fühlt und wenn das Herz denkt wie der Verstand, dann wird Frieden sein.

Empfohlene körperliche Anwendungen: Bei allen Problemen im Herz- und Lungenbereich sowie im gesamten Verdauungstrakt. Bringt energetische Harmonie in diesen Bereich.
Wo auftragen? Im Bauch- und Unterbauchbereich sowie im Herz- und Lungenbereich.

Fallbeispiel: Otto, 59 J., war viele Jahre Bankdirektor. Seit einem Jahr warnt der Arzt vor Herzinfarkt, und die Herzbeschwerden von Otto nehmen zu. Er will etwas Grundlegendes ändern, hat das «Aussteigen» im Kopf, kann sich aber nicht dazu durchringen. Er greift spontan zur B 93 und arbeitet mehrmals täglich mit ihr. Die Entscheidung, die Stellung aufzugeben, reift, seine Herzbeschwerden lassen im gleichen Maße nach. Nach 6 Monaten hat er sich eine neue Beschäftigung gesucht, ist organisch völlig gesund, fühlt sich wieder belastbar, und seine Schmerzen sind verschwunden. Er ruft an und berichtet lachend: «Es geht mir bestens – und der Rubel rollt auch wieder.»

Nummer 94

Name der Flasche: Erzengel Michael oder «Boof»-Flasche
Farbe obere Ebene: Hellblau
Farbe untere Ebene: Hellgelb

Wichtigste Eigenschaften: Eine andere Herz-Flasche. Dem Prozeß des Lebens vertrauen. Dein Wille ist mein Wille. Das klare Erkennen des individuellen Willens, den es in Einklang mit dem «großen Ganzen» zu bringen gilt. Mit der eigenen Seele in Einklang zu kommen bedeutet immer auch, Gott und damit dem Leben zu vertrauen. Dient der spirituellen Weiterentwicklung, so daß die Liebe in uns wachsen, aber gleichzeitig auch in die Welt fließen und kommuniziert werden kann. Unterstützt die Fähigkeit, sich von sich selbst zu lösen und den direkten Zugang zu höheren Bewußtseinsebenen zu erlangen. Untersützt das Erkennen, was im Sinne des «großen Ganzen» ist. Hilft dem spirituellen Krieger, die Initiative zu ergreifen, vom «kleinen Selbst» unabhängig zu entscheiden und zu handeln. Verhilft dazu, Meister des eigenen Schicksals zu werden (noch vorhandene Ängste und Zögern zu überwinden), Mitgefühl und Einfühlsamkeit zu entwickeln und der Welt zur Verfügung zu stellen. Zeigt uns den Grad unserer Integrität mit uns selbst. Was passiert, wenn wir unsere Ängste loslassen? Große Freude kommt zum Vorschein. Ein Lehrer, der das, was er für sich erreicht hat, weitergeben wird.

Empfohlene körperliche Anwendungen: Allgemein beruhigend, speziell für Haut und Nerven. Bringt dem Herzen Raum. **Wo auftragen?** Im Bauch- und Herzbereich.

Fallbeispiel und erprobte Entsprechungen: Noch keine. (Diese Flasche wurde im Dezember 1995 «geboren».)

Was sind Pomander? Wie wirken sie?

Der Name «Pomander» entstand vor sehr langer Zeit und bezeichnet eine Methode, Düfte zum Schutz, aber auch für die Heilung zu verwenden. Aura Soma hat mit diesen Pomandern (die Mehrzahl schreibt sich wie die Einzahl) die ursprünglichen Düfte wiederentdeckt. Seit Beginn des menschlichen Bewußtseins wurde «Räucherwerk» von der Priesterschaft aller Kulturen benutzt, um eine Angleichung an transzendentale Düfte zu finden, aber ebenso um zu schützen, zu reinigen und zu heilen.

Die Trägerflüssigkeit der Aura-Soma-Pomander ist eine alkoholische Lösung. Die 49 verschiedenen Kräuter, die Vicky «heilige» Kräuter nannte, wachsen auch heute noch in Tedford, meist im Garten von Dev Aura. Sie werden reif geerntet und für mindestens ein Jahr in Alkohol gelegt, bis ihre heilenden und schützenden Schwingungen auf den Alkohol übergegangen sind.

In den insgesamt 14 Pomandern (in unterschiedlichen Farben) sind alle 49 Kräuter (7x7 Kräuter) enthalten, jedoch überwiegen bestimmte Kräuter immer analog zur gewünschten Farbe bzw. Wirkung. Die heilende und energetisierende Schwingung von Kristallen und Edelsteinen wird durch kabbalistische Anrufungen hinzugefügt.

Unser elektromagnetisches Feld, auch Aura genannt, unterliegt täglich sehr vielen Störfaktoren. Durch zunehmende atmosphärische Verschmutzung, aber auch durch zunehmende Aggression wird die Aura eines jeden täglich angegriffen. Energieverlust ist die geringste Folge.

Die Pomander helfen hier, die Aura wieder zu schließen bzw. zu kräftigen. Stellen Sie es sich wie ein häufiges «Kämmen» vor, das ebenfalls dazu beiträgt, daß die Frisur in Ordnung bleibt. Die Pomander bringen die Struktur im elektromagnetischen Feld wieder in Ordnung und wirken gefühlsmäßig wie eine anregende Dusche auf den Menschen. Es ist eine Reinigung und Vorbeugung zugleich.

«Indem wir lernen, uns selbst zu schützen und zu reinigen, schützen wir auch andere Menschen, weil sich unsere ‹Ausstrahlung› verändert», sagte Vicky. «Wir filtern das Negative, das Belastende aus.» *Pomander zu benutzen bedeutet, sich eine zweite Haut anzuschaffen.*

Anwendung der Pomander

Aus den kleinen Plastikfläschchen, die bequem in Hosentasche oder Handtasche passen, nimmt man drei Tropfen in die linke Hand, reibt beide Hände fest gegeneinander und verteilt die Schwingung in seiner Aura, am besten von Kopf bis Fuß und immer rund um den Körper herum, also auch «hinten». Verweilen Sie dort länger, wo es Ihnen wichtig ist, besonders am Kopf, am Hals und vor dem Herzen, und schenken Sie auch der Erde, die es so nötig braucht, Ihre eigene Aufmerksamkeit und die Schwingung der Pomander. Dann richten Sie sich auf und halten beide Handflächen zirka 10 bis 15 cm vor die Nase. Nehmen Sie drei tiefe Atemzüge in sich auf und fühlen Sie die Wirkung. Es ist schön, wenn Sie sich dann dafür bedanken, daß es so etwas Wunderbares gibt. Die Pomander können alle zwei Stunden angewendet werden oder ganz nach Ihrem persönlichen Bedürfnis.

Nummer 1
Farbe Weiß
Schlüsselworte: Klarheit, Licht

Bringt Licht und Schutz in jede Situation. Schützt vor allem Heiler und verletzliche oder geschwächte Personen. Wirkt reinigend. Hilft ganz besonders gut auf der rein physischen Ebene; besonders empfehlenswert bei allen Wunden, Schnitten und Verletzungen. Direkt verwendet, bewirkt dieser Pomander Wunder. Wird mit Erfolg zur Blutstillung verwendet (auch von Ärzten). Hilfreich bei allergischen Reaktionen, auch bei Insektenstichen. Klärt das Lymphsystem. Heilend für Nasennebenhöhlen, schützt gegen Strahlung (auch von Computern). Zur Reinigung von Räumen, Kristallen und Aura-Soma-Flaschen.
Praktische Erfahrung: gehört in die Hausapotheke.

Nummer 2
Farbe Rosa
Schlüsselwort: Liebe

Besonders geeignet, um die Energien (oder das gegenseitige Verständnis) von Gruppen zu harmonisieren. Ein spezieller Pomander gegen Aggressionen aller Art. Hilft uns, uns gegenseitig zu akzeptieren, anstatt zu kritisieren. Öffnet das Herz und bringt uns ein Gefühl der Sicherheit, das uns erlaubt, unser Bestes zu geben und zu zeigen. Unterstützt uns dabei, uns selbst mehr zu gönnen und dies zu genießen: «Ich tue das jetzt für mich, weil ich mir das *wert* bin!» Stärkt keinesfalls den Egoismus, sondern die Selbstliebe. Bringt Gelassenheit und Entspannung auf allen Ebenen. Wirkt daher streßreduzierend.
Praktische Erfahrung: unterstützt das Hormonsystem.

Nummer 3
Farbe Dunkelrot
Schlüsselwort: sehr stark vitalisierend
Um den Unterschied zwischen dem roten und dunkelroten Pomander besser zu verstehen, hier ein Beispiel: Wenn Sie im Regen stehen und einen wasserabweisenden Mantel (= rot) tragen, werden Sie sich anders fühlen als in einem wasserdichten Overall (= dunkelrot). Daher gilt alles, was wir über den dunkelroten Pomander sagen, ebenso für den roten, nur in einer schwächeren Form. Sie wählen selbst, welchen der beiden Sie gerade jetzt benötigen. Hilft, Ärger, Frust und emotionalen Streß abzubauen. Bringt sehr starken Schutz. Hilft bei Neigung zu Alpträumen. Ebenfalls gut, um Räume und Häuser zu klären. Bringt positive Energie und dient als Schutz vor geopathischem Streß (aber nicht allein). Schenkt das Gefühl, gerne auf der Erde zu sein, erdet nach Meditationen und Heilungen. Hilft unseren Visionen, sich zu manifestieren. Ebenfalls hilfreich bei chronischer Müdigkeit bzw. Lethargie. Bringt wieder Wärme ins Leben.
Praktische Erfahrung: stabilisiert den Knochenbau.

Nummer 4
Farbe Rot
Schlüsselwort: vitalisierend
Die Wirkung ist die gleiche wie beim dunkelroten Pomander, nur, wie bereits erklärt, etwas schwächer. Auch eine wunderbare Möglichkeit, der Erde Kraft zu geben und umgekehrt, die Kraft der Erde zu spüren. Schützt vor «Energiedieben». Stärkt das Hormonsystem.
Praktische Erfahrung: kreislaufanregend.

Nummer 5
Farbe Orange
Schlüsselworte: Schock, Lebensfreude
In allen Schocksituationen und für alle Arten von Schocks ganz besonders hilfreich. Wer therapeutisch mit Rückführungen arbeitet, kann zuerst die Quintessenz «St-Germain» und im Anschluß diesen Pomander nutzen. Schließt die Aura nach Schocks. Sehr bewährt auch in Umstellungsphasen, z. B. in Pubertät und Menopause. Wirkt allgemein befreiend und säubernd, bringt die Lebensfreude zurück. Verleiht leicht hysterischen Personen mehr Gelassenheit und Ruhe. Sehr gut für Bettnässer. Hier ist zu beachten, daß Sie es nicht für das Kind tun, sondern mit dem Kind zusammen dessen Aura behandeln, es wäre sonst ein «Übergriff», die Wirkung wäre viel geringer.
Praktische Erfahrung: gehört in die Hausapotheke.

Nummer 6
Farbe Gold
Schlüsselworte: Weisheit, Fülle
Unterstützt die Aufnahmefähigkeit des ganzen Wesens auf allen Ebenen. Integriert Gefühle von Einsamkeit und Alleinsein, läßt sie heilen. Nährt unsere innere Weisheit und verhilft ihr zum «Durchbruch». Verstärkt das Selbstvertrauen und gibt das Gefühl: «Ich bin so gut wie jeder andere auch. Daher kann ich auch diese Arbeit genauso gut wie jeder andere ausführen!» Führt uns zu tieferem Verstehen des Lebens. Die Schwingung dieses Pomanders wirkt heilend auf die Solarplexusregion sowie auf alle Organe, die in diesem Bereich liegen. Sehr empfehlenswert bei Depressionen sowie für alle Arten von Süchten. Es ist eine wirklich wunderbare Möglichkeit, alte und «dumme» Angewohnheiten loszuwerden. Löst tiefe Ängste.
Praktische Erfahrung: bringt Sonnenschein ins Gefühlsleben.

Nummer 7
Farbe Gelb
Schlüsselworte: Freude, Leichtigkeit
Wenn irgend jemand in Ihrer Umgebung negativ ist, benutzen Sie den gelben Pomander (für sich und den anderen). Diese Schwingung bringt Freude, Leichtigkeit und ein kindliches Gottvertrauen in unser Gemüt. Wir können lernen, die Dinge des täglichen Lebens nicht zu schwer zu nehmen und uns um die Zukunft nicht zu sorgen. Dieser Pomander sagt zu uns: «Sorgen Sie sich nicht, leben Sie den Tag.» Es kostet sehr viel mehr Kraft und Energie, sich zu sorgen als zu vertrauen. Wir können es, wenn wir wollen, wieder lernen, unsere Energie nicht auf diese Weise zu vergeuden. Löst Ängste, hilft dem Atmen und unterstützt das Konzentrationsvermögen sowie den Verstand. Gut, um besser zu lernen.
Praktische Erfahrung: sehr gut für «schlechte Nerven».

Nummer 8
Farbe Olivgrün
Schlüsselwort: kollektives Mitgefühl
Stärkt und unterstützt den femininen Aspekt unseres Wesens. Hilft der Intuition, sich zu äußern. Das feminine Wissen äußert sich und bringt mehr Balance in diese Welt. Das ist die Qualität des wirklichen Mitgefühls: echtes und spontanes Fühlen. Der Baum, der stirbt. Der Fisch, der kaum noch atmen kann. Das Kind, das Hunger hat... Eine sehr wichtige Schwingung zu dieser Zeit, weil allgemein der maskuline Aspekt überwiegt. Sehr unterstützend, um die eigene Entscheidungsfähigkeit zu stärken. Hilfreich bei nervös bedingten Ängsten. Unterstützt uns dabei, unsere Vergangenheit abzuschließen und den Blick in den Moment zu bringen.
Praktische Erfahrung: gut bei Konzentrationsschwäche.

Nummer 9
Farbe: Smaragdgrün
Schlüsselworte: Raum, Balance

Hilft uns dabei, die Sprache unseres Herzens wieder zu hören. Wenn wir diesen Pomander täglich benutzen, bringt er uns eine neue Bewußtwerdung unseres Alltags, der Raum unserer Wahrnehmung wird größer, das Herz wird weiter. Heilt das Herz-Chakra. Die Wahrheit suchen, die Fähigkeit entwickeln, auch NEIN sagen zu können, ohne sich später mit Schuldgefühlen zu plagen. Löst tiefe Ängste auf, die unseren inneren Frieden stören. Schenkt Heilern und Therapeuten ihren eigenen Raum. Unterstützt, Entscheidungen zu treffen, fördert die Konzentration und löst Phobien, die mit Enge zu tun haben. Auf der körperlichen Ebene gut bei Bronchitis und Asthma.
Praktische Erfahrung: beruhigt und bringt Gelassenheit.

Nummer 10
Farbe Türkis
Schlüsselwort: Kreativität

Fördert die kreative Verbindung der Herzen untereinander. Sehr hilfreich für alle, die öffentlich auftreten: Die Kommunikation bleibt im Fluß, das, was ausgedrückt werden möchte, macht Freude und ist keine Anstrengung. Liebe und Mitgefühl werden ebenfalls kommuniziert. Klärt unser Gefühlsleben, macht es klar und frei. Reinigung des Herzens. Hilft all jenen, die ihr Herz «auf der Zunge tragen» und sich so zeigen, wie sie wirklich sind, nicht verletzt zu werden. Bringt auch Situationen, die blockiert waren, wieder ins Fließen. Unterstützt Meditation und Kontemplation.
Praktische Erfahrung: wunderbar für die Herzöffnung.

Nummer 11
Farbe Saphirblau
Schlüsselworte: Frieden, Schutz

Dieser Pomander bringt uns «himmlischen» Schutz, wenn wir an uns selbst arbeiten, und nimmt das Gefühl des Leidens von uns, besonders dann, wenn der Tod nicht mehr fern ist. Wir lernen zwei besondere Arten des Leidens, die wir uns selbst bescheren, zu verstehen: 1. Wir haben in unserem Leben etwas, was wir eigentlich gar nicht wollen und auch nicht schätzen. 2. Wir wünschen uns aber das, was wir nicht bekommen haben. Eine nährende Schwingung; hilft Eltern, ihre Verantwortung zu tragen. Hilft hyperaktiven Kindern, ruhig, friedlich und gelassen zu werden. Schützt alle, die vor Publikum oder Gruppen sprechen. Wenn der Kopf droht zu «platzen», bringt Blau Klärung, Entspannung und neue Einsichten (auch religiöser Art). Ebenfalls hilfreich für Menschen, die pausenlos reden.
Praktische Erfahrung: verleiht ein starkes Gefühl, geschützt zu sein.

Nummer 12
Farbe Königsblau
Schlüsselworte: Intuition, Vision

Eine Verstärkung aller Sinneswahrnehmungen. Erfahrungsgemäß besonders hilfreich bei allen Formen von Depressionen. Hilft all denen, die mit Klang (Musik) arbeiten, verstärkt die Intuition und verhilft ihr zum Ausdruck. Unterstützt auch diejenigen, die an ihrer Selbstverwirklichung arbeiten. Schützt und nährt. Verhilft allen, die sich einsam und isoliert fühlen, aus ihrer Isolation wieder herauszufinden.
Praktische Erfahrungen: fördert die Sensitivität.

Nummer 13
Farbe Violett
Schlüsselworte: Heilung, Transformation
Sehr gut für alle hysterischen Situationen, wenn «Durchdrehen» droht. Wirkt sehr stark beruhigend. Gut vor dem Einschlafen. Fördert das Gefühl der Wärme und Zärtlichkeit für uns und andere. Wirkt weich, zeitlos und raumlos – daher auch bei Streß sehr bewährt. Bringt alles, was «zuviel» ist, in die Harmonie zurück. Heilt und glättet, auch die Haut. Zeigt uns den Weg, wie das zu tun ist, was getan werden muß. Hilft, übersteigerte Begierden zu harmonisieren. Eine Brücke zwischen der Welt der Materie und der des Geistes. Erleichtert den Übergang in eine andere Daseinsform.
Praktische Erfahrung: starke Beruhigung auf allen Ebenen.

Nummer 14
Farbe Purpurmagenta
Schlüsselwort: tiefe Ruhe
Von Vicky speziell für alle Heiler entwickelt: «der Heiler der Heiler». Hilft, sich auf unsere «innere Arbeit» zu fokussieren. Die kleinen Dinge des Alltags lieben und wertschätzen und nicht auf die großen Dinge warten. Sehr heilend für alle Trennungen zwischenmenschlicher Beziehungen, beruhigt und entspannt den Emotionalkörper. Hilft uns, alte und überflüssig gewordene Strukturen loszulassen. Befreit das Denken und verbindet uns mit unserem tiefsten Inneren. Ausgleich der beiden Gehirnhälften. Hilfreich bei allen Krankheiten, deren Ursache im Gehirn zu suchen ist.
Praktische Erfahrung: schenkt tiefe Ruhe und heilt.

Was sind die Quintessenzen? Wie wirken sie?

Vicky Wall war der Überzeugung, daß jeder Mensch, sofern er es möchte, einen direkten «Draht» zum Schöpfer hat, ihn also direkt anrufen kann und, wenn die andere Seite «einverstanden» ist, auch eine direkte Antwort erhält. Alles, was wir tun können, um diesen Kontakt herzustellen und in ihm zu leben, ist, uns zu öffnen.

Es geht bei den Quintessenzen (die manchmal auch mißverständlich «Meisteressenzen» genannt werden) also um Botschaften aus höheren Bewußtseinsebenen, für die wir uns öffnen sollen und können. Die Quintessenzen wurden aufgrund von medialen Durchsagen geschaffen, die Vicky empfing.

Vicky war zeit ihres Lebens sehr großen Prüfungen ausgesetzt. Die unerschütterliche Stärke, es so zu akzeptieren, wie es eben war, lag in ihrer Fähigkeit, die Stimme Gottes in sich zu hören und sich dieser Führung rückhaltlos anzuvertrauen. Durch ihre Hingabe an das Leben wurde sie fähig, diese Farbtherapie, die sie Aura Soma nannte, zu empfangen und weiterzugeben.

Sie sagte einmal, daß dieses Wissen bereits verloren gewesen sei, nun jedoch wieder zur Verfügung stünde. Und sie nannte Aura Soma an anderer Stelle «alter Wein in neuen Flaschen».

Die Quintessenzen helfen uns dabei (immer vorausgesetzt, daß wir es auch wollen), uns innerlich zu öffnen und hören zu lernen, was das Leben für uns bereithält, welche Lernaufgaben sich die Seele in diesem Leben selbst gestellt hat. Es geht vor allem aber auch darum, eine immer «reinere» Form der Liebe in uns zu entwickeln, d.h. Vorurteile und «schlechte» Erinnerungen abzubauen. Wir kennen den «Seelenplan» eines anderen Menschen nicht. Woher wollen wir wissen, ob er recht oder unrecht gehandelt hat?

Lieben heißt immer zuerst, zu verstehen. Bevor wir also darauf beharren, daß der Nachbar wirklich «immer Ärger macht», versuchen wir ihn so zu nehmen, wie er ist, schließen wir ihn in unsere Akzeptanz mit ein. Auch um dies zu erreichen (es ist wahrlich nicht einfach!), sind die Quintessenzen geschaffen worden. Ihre Wirkung geht über den physischen Körper und über die Aura hinaus. Eine Hilfe, die Erkenntnis zu «beschleunigen». Die einzelnen Quintessenzen wirken wie eine bestimmte Telefonnummer, die ich im Bedarfsfall «anrufen» kann. Durch meine Bitte kommt die Verbindung zustande. Es stellt eine Möglichkeit dar zu beten.

Die Quintessenzen basieren, wie die Pomander, auf einer alkoholischen Lösung, dem die Extrakte von 39«heiligen» Kräutern sowie die Informationen von Edelsteinen und Mineralien zugefügt werden. Es sind jedoch nur drei Kräuter in ihrer Wirkungskraft führend. Weitere Einzelheiten zu den Bestandteilen und zur Herstellung sind bislang geheim.

Die unterschiedlichen Farben der 14 Quintessenzen beziehen sich auf Urbilder der menschlichen Psyche; sie können uns helfen, zu Erkenntnissen zu gelangen, die für alle Menschen wichtig sind und die uns auf dem Weg zurück in die Vollkommenheit begegnen.

Richten Sie sich bei der Auswahl nicht so sehr nach den Namen, auch nicht unbedingt nach der «Zuordnung», die nach meinen Erfahrungen nur in etwa der Hälfte der Fälle wirklich stimmig ist. Besser ist: Prüfen Sie den Duft – wenn Sie dann das Gefühl haben, daß eine bestimmte Flasche wohltuend und sehr angenehm für Sie ist, dann ist diese sicherlich die richtige. «Der größte Lehrer ist in dir selbst», sagte Vicky. Es ist daher ganz in ihrem Sinne, der eigenen inneren Stimme mehr zu vertrauen als den nur generell gültigen «Zuordnungen».

Es hat sich bewährt, zumindest für die ersten vier Wochen, mit der gewählten Quintessenz zu arbeiten und nicht auf eine andere «bessere» überzugehen. Die feinstofflichen Wirkungen erfolgen aufgrund subtiler Prozesse und bitten uns um Geduld, eine andere Form der Liebe.

Vergleichen wir die Wirkung der Pomander mit jener der Quintessenzen, so wirken die Pomander wie eine «Tiefpotenz», die Quintessenzen jedoch wie eine «Hochpotenz». Sie bringen uns in Verbindung mit der Ebene der «Zeitlosigkeit».

Vicky erklärte zu den Quintessenzen: «Die exakte Schwingung der Farbe ist besonders wichtig, denn der Duft, der Name und die Farbe haben genau die gleiche Frequenz. So erreichen wir sicher das höhere Selbst. Indem wir eine bestimmte Quintessenz benutzen, finden wir den Raum in uns, der die Bedeutung dieser Farbe enthält. Da wir Lichtwesen sind, haben alle Farben ihren bestimmten Platz in uns, wir können sie nur nicht alle gleichzeitig entwickeln, das ist der Grund für spezielle Vorlieben zu bestimmten Zeiten unseres Lebens.»

Anwendung der Quintessenzen

Geben Sie drei Tropfen aus dem kleinen Plastikfläschchen auf Ihren linken Puls, reiben Sie mit dem rechten Puls über den linken Puls. Breiten Sie die Arme aus und beginnen Sie, diese Schwingung mit «flügelschlagartigen» Bewegungen in Ihre Aura einzufächeln. Sprechen Sie dabei Ihre Bitte oder Ihren Wunsch, oder öffnen Sie sich einfach nur für eine göttliche Lösung. Das ist immer eine Lösung, in der es keine Verlierer mehr gibt! Am Schluß ziehen Sie den Duft durch drei tiefe Atemzüge in Ihren «Körpertempel» ein, genießen und danken Sie.

Es hat sich in der Praxis bewährt, die Quintessenzen zu Beginn und zum Ende des Tages in jedem Fall zu benutzen; darüber hinaus folgen Sie bitte Ihrem inneren Bedürfnis.

Nummer 1, El Morya, blaßblau, entspricht B 50

Blau ist das erste Gesetz des Lichts. Diese Quintessenz bringt Frieden und tiefe Ruhe, balanciert den physischen sowie die feinstofflichen Körper aus. Unterstützt die Erkenntnis: «Dein Wille ist auch mein Wille.» Hilft dabei, den kleinen Willen des Egos loszulassen und «aus dem Weg zu gehen», d. h. der göttlichen Lösung freien Lauf zu lassen. Dieses Blau öffnet die Tür zu tiefem Vertrauen, vor allem in die Botschaft, die von oben kommt. Bringt uns in Verbindung mit der inneren Stimme und in Harmonie mit den Naturgesetzen. Sie wirkt wie ein Filter für alle gefährlichen Strahlen – sie gibt uns sicheren Schutz. Wir können mehr Mitgefühl entwickeln und lernen, mit Schmerzen «liebevoll» umzugehen, indem wir sie annehmen. Wenn Sie sich allein und einsam fühlen, benutzen Sie «El Morya». Sie hilft uns dabei, die eigene Göttlichkeit in uns selbst zu erfahren. «El Morya» ist die stärkste Heilenergie.

Praktische Erfahrung: sehr hilfreich und unterstützend.

Nummer 2, Kuthumi, blaßgold, entspricht B 51

Gelb ist das zweite Gesetz des Lichts. Die Quelle des Lichts. Die zweitstärkste Heilenergie nach Hellblau. Diese Quintessenz unterstützt uns, eine intimere Begegnung mit Tieren und Pflanzen zu pflegen (wie Franz von Assisi z. B.). Bringt ein neues Verständnis für die Ebenen, die jenseits der Zeit liegen, und unterstützt uns dabei, besser loszulassen. Verwandelt Konfusion in Klarheit und verhilft uns dazu, Kanal zu sein, d. h. geschehen zu lassen, ohne zu kämpfen und zu wollen. Bringt eine starke Vertiefung der Selbsterkenntnis.

Praktische Erfahrung: sehr empfehlenswert.

Nummer 3, Lady Nada, blaßrosa, entspricht B 52

Diese Quintessenz hilft besonders gegen Aggressionen, mildert ebenso Aggressionen im Umfeld (in Großraumbüros, Werkhallen usw.). Daher auch sehr gut, um Räume «zu reinigen». «Lady Nada» wirkt allgemein zentrierend, pflegend und nährend. Bezug zum sechsten Chakra. Verhilft, akzeptieren zu lernen, was ist. Hilfreich bei Ohren- und Augenproblemen. Zur Koordination der beiden Gehirnhälften. Wenn Sie gerne Musik hören und «Lady Nada» vorher benutzen, wird ihr Musikerlebnis intensiver. Besonders empfehlenswert bei Schwierigkeiten mit der Selbstakzeptanz, sie ermutigt uns, das bisherige Selbsturteil aufzulösen und durch Liebe und Verständnis zu ersetzen. Löst alle Negativität sehr gut auf.
Praktische Erfahrung: eine «Wunder»-Essenz.

Nummer 4, Hilarion, blaßgrün, entspricht B 53

Läßt die höheren Aspekte des Herzens bewußter werden: die Wahrheit und das Licht. Gut, um einen Neuanfang herbeizuführen und zu unterstützen, bringt starke Erleichterung bei Belastungen und Streß. Mit der eigenen Wahrheit in Kontakt kommen, daraus Gewißheit schöpfen und den Raum schaffen, in dem die neue Wahrheit leben kann. Die eigene Richtung finden, die eigene Vision verwirklichen. Fürsorglich mit uns selbst sein, denn wir können keinen Raum für uns finden, wenn wir nicht Fürsorge für uns selbst entwickeln. Wenn wir bereit sind, die Vergangenheit loszulassen, unterstützt uns diese Quintessenz besonders, weil sie diese Ebenen erreicht. Unterstützt unsere wirkliche Identität und das Gefühl der Verantwortung für uns selbst.
Praktische Erfahrung: außerordentlich hilfreich.

Nummer 5, Serapis Bey, weiß, entspricht B 54

Sehr geeignet, um Heilung abzuschließen, die Aura zu versiegeln. Wirkt allgemein klärend, harmonisierend und entgiftend und schafft eine starke Verbindung zu den Sternen. Unser elektromagnetisches Feld kann sich unter dieser Quintessenz ausdehnen. Serapis Bey dringt sehr tief in unsere Körper ein und hilft, karmische Muster abzuschließen. Zusammen mit dem rosafarbigen Pomander wird die Wirkung noch verstärkt. Auch bewährt, um Räume und Häuser zu reinigen und zu klären. Wenn wir bereit sind, beginnt die Vergebung auf allen Ebenen – es ist nicht mehr nötig zu leiden –, vergib dir auch selbst.

Praktische Erfahrung: unterstützt die Vergebung wie nichts anderes.

Nummer 6, Der Christus, Tiefes Rot, entspricht B 55

Das Licht kommt auf die Erde. Die höheren Energien kommen zur Erde. Rudolf Steiner sagte: «Viele Menschen werden Christus in ihrer Aura erfahren.» Diese Quintessenz unterstützt diese Erfahrung, denn sie ist nicht mehr schwer zugänglich, sondern für den, der offen ist, wirklich verfügbar. Die Kreuzigung verstehen lernen – das eigene, kleine Ich kreuzigen. Die Gegenwart verstehen lernen. Die Möglichkeit, das Ewige zu betreten aus dem Verständnis der Gegenwart. Wir haben die volle Verantwortung für uns selbst, eine Möglichkeit zu erfahren, daß auch wir «Licht» sind. Hilfe für die Überwindung von Frustration. Unterstützt die Versöhnung. Hilft zu erden und mit neuer Energie zu versorgen (zusammen mit dem roten Pomander). Sehr hilfreich bei Ischiasbeschwerden (in Verbindung mit der B 5) sowie bei chronischer Müdigkeit.

Praktische Erfahrung: ein wunderbarer Kraftspender.

Nummer 7, Saint-Germain, hellviolett, entspricht B 56
Die Essenz, die uns helfen kann, über uns selbst hinauszuwachsen, wie immer die Situation in Ihrem täglichen Leben auch sein mag: Sie können Sie ändern und damit ein altes Muster heilen. Diese innere Freiheit erleben und genießen lernen. Die Möglichkeit, mit dem inneren Kern in Verbindung zu kommen, die Rollen zu spielen, ohne sich mit ihnen zu identifizieren. «Saint-Germain» aktiviert die Fähigkeit zu heilen. Die Erkenntnis, daß es keine Trennungen gibt: die Dinge in ihrem natürlichen Zustand sehen, Illusionen beiseite legen. Festgefahrene Situationen lassen sich durch diese Frequenz wieder beleben. Ebenfalls hilfreich nach Heilungen. Bringt den Mut, wirklich alle Vorstellungen und Muster loszulassen, ein neues Wesen zu sein.
Praktische Erfahrung: Das Loslassen wird leicht gemacht.

Nummer 8, Pallas Athena & Aeolus, rosenpink, entspricht B 57
Bringt ein Gefühl für die individuell richtige Lebensführung. Das, was noch erkannt und in uns geheilt werden muß, wird bewußt. Mit der inneren Schönheit in Verbindung kommen, Selbstvertrauen und Selbstbewußtsein entwickeln, die innere Wahrheit verteidigen. Bringt beschleunigtes Wachstum, läßt Inspirationen ins Bewußtsein. Löst finanzielle Engpässe und bringt Fülle. Wenn du dein Leben nicht magst, wie es jetzt ist, dann ändere dein Denken und deine Ziele. Hilft uns dabei, die kleinen Dinge des täglichen Lebens zu wertschätzen.
Praktische Erfahrung: Der eigene Weg wird klarer.

Nummer 9, Orion & Angelika, pink, entspricht B 58

Sehr hilfreich, um Dinge gut zu beginnen oder gut zu beenden. Die Energie der Engel. Hilfreich für diejenigen, die sich um die Heilung der Erde bemühen. Ebenso bei geopathischen Streßreaktionen. Diese Essenz hat einen sehr durchdringenden Effekt auf die ätherischen Körper. Negativität, die wir nicht länger für unser Wachstum benötigen, wird bis in die Tiefen geklärt und von uns genommen. Sehr hilfreich auch für die Beantwortung der Frage: «Warum bin ich hier?» Die eigene Bestimmung finden. Sehr bewährt bei Flugreisen, um «Jetlag» zu vermeiden. In diesem Fall alle zwei Stunden in die Aura einfächeln.

Praktische Erfahrung: Alte Negativität verläßt mich.

Nummer 10, Lady Portia, gold, entspricht B 59

«Richte nicht über dich – richte nicht über andere!» Diese Essenz hilft uns, nicht zu hart im Urteil zu sein. Wer bin ich, daß ich urteilen könnte? Sorgt für Gerechtigkeit auf allen Ebenen. Eine Schwingung der Gnade, um unsere Herzen zu besänftigen und unser Verständnis zu vergrößern. Wir können lernen, uns selbst zu vergeben. Hilfreich, um Befürchtungen und Ängste für zukünftige Situationen von uns zu nehmen. Das richtige Maß des Energieeinsatzes finden: nicht zuviel und nicht zu wenig. Eine Situation klar erkennen können und den richtigen Weg, den Sie gehen wollen, ebenso. Bringt Gnade, Liebe und Klarheit in das Leben. Unterstützt die Heilung von Tieren.

Praktische Erfahrung: läßt im Urteil weicher und in der Zielfindung klarer werden.

Nummer 11, Lao Tse und Kwan Yin, blaßorange, entspricht B 60
Sehr hilfreich, um die Gründe für Krankheiten zu erkennen und
sie aufzulösen. Das Leiden selbst und den Grund für das Leiden
verstehen. Bringt Gnade und Barmherzigkeit in unsere Herzen.
Auch hilfreich, um Krankheiten von uns und unseren Familien
fernzuhalten. Löst Schocks und Traumata aus der Vergangenheit,
auch ohne nochmals alle Einzelheiten zu erinnern. Hilft uns, Verkrampfungen und Verspannungen zu lösen, wirkt ebenso auf der
Muskelebene. Wirkt diesbezüglich entgiftend. Wenn Sie ein Problem haben, ist diese Essenz hilfreich, um die Lernaufgabe, die
im Problem «versteckt» ist, zu finden und zu lösen. Unterstützt
generell die maskuline Energie.
Praktische Erfahrung: bringt Gnade und Barmherzigkeit.

Nummer 12, Sanat Kumara, blaßkoralle, entspricht B 61
Ausgleich der männlichen und weiblichen Energien. Heilend für
alle, die von Kindheit an auf ein Elternteil oder gar auf beide ver-
zichten mußten. Bringt uns das herrliche Gefühl des All-Eins-
Seins. Erfahrungsgemäß ausgezeichnet, um in extremen Schwierigkeiten nicht festzuhalten, sondern loslassen zu können. Ebenso
sehr unterstützend bei ständigen und tiefen Zweifeln. Eine ver-
stärkte Form der B 40 («ich bin»). Bringt uns in Verbindung mit
der Quelle und mit dem Reich der Engel. Den göttlichen Funken
in uns selbst wiederfinden. Bei Benutzung dieser Schwingung
sind wir gleichzeitig mit allen anderen Quintessenzfrequenzen
verbunden. Daher kommt auch der Leitsatz: «Wenn Sie zweifeln,
welche Quintessenz jetzt für Sie die richtige sein könnte, beginn-
nen Sie mit ‹Sanat Kumara›.»
Praktische Erfahrung: sehr bewährt, um eine Therapie zu beginnen.

Nummer 13, Maha Cohan, blaßtürkis, entspricht B 62
Öffnet die Kommunikation mit höheren Ebenen. Hilft uns, die Kommunikation mit uns selbst und anderen zu heilen. Bringt uns in Verbindung mit dem inneren Lehrer. Es fällt wieder leichter, Gefühle auszudrücken und um unsere innere Wahrheit zu wissen. Mit der Natur in Harmonie kommen und sie bei der Heilung unterstützen. Hilft uns ebenfalls, die Weisheit der Natur zu verstehen: das Wissen der Steine ebenso zu hören wie das Wissen der Pflanzen und Tiere. Dies alles zum Segen der Menschheit, denn dieses Wissen will weitergegeben werden. Eine Essenz, die in dieser Zeit der Wandlung besonders wichtig ist. Öffnet blockierte Kreativität.
Praktische Erfahrung: Öffnung in höhere Ebenen des Bewußtseins.

Nummer 14, Djwal Khul, smaragdgrün, entspricht B 63 und 64
Indem wir unser Leben, unsere Muster klären, finden wir den Weg der Wahrheit in unseren Herzen. Die Wahrheit hinter den Dingen finden. Klarheit finden, auf der Suche nach Wahrheit. «Und die Wahrheit wird euch befeien.» Diese Essenz stimuliert die Intuition. Der Verstand und das Herz sprechen mit einer Stimme, sie unterstützen sich gegenseitig. Die Menschheit findet den Weg zurück ins Herz, um der Erde zu helfen, so daß uns die Erde weiterhin tragen und ernähren kann. Unterstützt das Verständnis nur Astrologie.
Praktische Erfahrung: sehr empfehlenswert, um die Wahrheit zu finden.

Was sind Tinkturen? Wie wirken sie?

Die Tinkturen bilden im gesamten Aura-Soma-System insofern eine Ausnahme, als sie nicht äußerlich, sondern innerlich angewendet werden.

Sie werdcen vom Therapeuten (Arzt oder Heilpraktiker) auf der Basis der nicht gesehenen oder nur sehr gering vorhandenen Farbe (von Ihrer Balance-Auswahl) zusätzlich verordnet, um den Erfolg der Therpie zu forcieren.

Die Tinkturen basieren auf einem bestimmten Anteil gereinigten Wassers mit Zusätzen des Quellwassers vom «Chalice Well» sowie einem bestimmten Anteil gereinigten Branntweins. Diese Trägerlösung wird mit der Wellenlänge der gewünschten Farben angereichert. Weiterhin enthalten die Tinkturen die Schwingungen von Pflanzen, Edelsteinen und Metallen sowie von anderen Ingredienzen, die im einzelnen nicht bekanntgegeben werden. Diese «Tinkturen» sind außerordentlich wirkungsvoll; ich kombiniere sie auch sehr gerne mit entsprechenden Bachblüten bzw. Edelsteintropfen. Das erhöht nicht nur die Wirkung, sondern auch das «Tempo» der Therapie. Allerdings sollte eine derartige Beschleunigung von einem erfahrenen Therapeuten überwacht werden, um Überreaktionen zu vermeiden.

Die Tinkturen sind in dunkelbraunen 30-ml-Glasfläschchen in fast allen vorhandenen Aura-Soma-Farben erhältlich. Da sie unter Umständen eine starke Wirkung haben können, empfehle ich Ihnen, sich diese Tropfen nur von einem erfahrenen Aura-Soma-Therapeuten (Arzt oder Heilpraktiker) verordnen zu lassen. Die Dosierung richtet sich nach Ihrem Bedürfnis, beträgt im Normalfall jedoch etwa zweimal täglich drei Tropfen.

Für alle diejenigen, die keine Tinkturtropfen, aus welchen Gründen auch immer, einnehmen wollen, hat Aura Soma die Tinkturcremes geschaffen, die in abgeschwächter, sanfterer Form wirken.

Bisher sind diese Tinkturcremes in den Farben Weiß, Rot, Orange, Gold, Gelb, Grün, Türkis, Blau, Violett, Magenta und Regenbogen erhältlich. Sie können natürlich auch zur Unterstützung einer laufenden Aura-Soma-Therapie mit Einnahme von Tinkturen eingesetzt werden.

Die weiße Tinktur

Überbegriff: Klärung
Körperliche Wirkung: auf alle Chakren
Pflanzliche Information: Maiglöckchen, Magnolie
Edelsteininformation: Rosenquarz
Ergänzende Kahuna-Essenzen: Awa
Ergänzende Bachblüten: Rock Rose, Mimulus, Cherry Plum, Aspen, Chestnut Bud, Crab Apple.
Ganz allgemein eine «Notfall-Tinktur». Hilft erfahrungsgemäß besonders gut in allen Fällen, in denen es um Reinigung geht, so z. B. nach Diäten, bei der Umstellung von Eßgewohnheiten, nach fieberhaften Infekten und anderen Krankheiten. Ebenso während der Dauer einer Psychotherapie, nach Reiki-Sitzungen und anderen «Heilungen» sowie in der Rekonvaleszenz. Sie bringt Klarheit in das ganze Wesen, unterstützt «Aha»-Erlebnisse, stimuliert «den inneren Heiler» und bringt die Lebensenergie wieder in Fluß. Klärt den Körper, die Gefühle und die Gedanken.
Praktische Erfahrung: gehört in die Hausapotheke.

Die rosafarbene Tinktur

Überbegriff: Liebe um der Liebe willen
Körperliche Wirkung: 1., 2., 4. und 8. Chakra
Pflanzliche Information: Azalee, Rose
Edelsteininformation: Rosenquarz, Amethyst
Ergänzende Kahuna-Essenzen: Noni
Ergänzende Bachblüten: Holly
Unterstützt uns alle darin, unsere wahre Natur, unsere Liebe, wieder mehr zu fühlen und zu leben, d. h. zu geben und zu nehmen. Bringt die Fähigkeit des Verstehens zum Tragen. Durch Verstehen können Wärme, Mitgefühl und Fürsorge wachsen. Sehr hilfreich in allen von Angst und Sorgen besetzten Situationen (Trauerfälle, Unfälle, Verlust der Arbeit usw.) Bringt Harmonie in unser Denken und Fühlen, tröstet und wärmt das Herz.
Praktische Erfahrung: äußerst wirkungsvoll und hilfreich.

Die rote Tinktur

Überbegriff: das Leben lieben
Körperliche Wirkung: 1., 4., 8. Chakra
Pflanzliche Information: Blutbuche, Kirschbaum
Edelsteininformation: Granat, Rubin
Ergänzende Kahuna-Essenzen: Kukui, Koali
Ergänzende Bachblüten: Impatiens, Heather, Water Violet
Unterstützt unsere Lebensenergie, stärkt Willen und Entscheidungsfähigkeit, Durchsetzungsvermögen und Dynamik und verhilft zur Zielfindung. Kräftigt und stabilisiert die Aura, und schützt vor evtl. störenden Einflüssen von außen. Verhilft uns dazu, unsere Energie positiv einzusetzen und zu nutzen. Sehr hilfreich für Menschen, die eine Aufgabe haben, der sie sich nicht gewachsen fühlen bzw. in allen Fällen von Überforderungs-Syndromen. Hilft dabei, Ärger und Frust nicht mehr so wichtig zu nehmen. Auch Zimmerpflanzen lieben diese Tinktur!
Praktische Erfahrung: gibt mehr Kraft.

Die orangefarbene Tinktur

Überbegriff: Freude und Heiterkeit
Körperliche Wirkung: 2., 3., 4. Chakra
Pflanzlicheinformation: Mandarinenbaum, Physalis
Edelstein-Information: Selenit (orange)
Ergänzende Kahuna-Essenzen: Olena, Essiak
Ergänzende Bachblüten: Clematis, Honeysuckle, Wild Rose, Olive, Star of Bethlehem, Hornbeam
Eine Tinktur, die uns sehr gut dabei unterstützt, innerlich freier zu werden, denn sie hilft, überflüssig gewordenen Ballast «abzuwerfen». Sie löst Schocks und Traumata (alte wie neue), hilft dabei, mit Ängsten befreiter umzugehen und «verschließt» die Aura, so daß uns diese wieder besser schützen kann. Unsere Energie geht nicht mehr verloren. Bringt manchmal lange vermißte Lebensfreude zurück, verbunden mit Heiterkeit und Freude.
Praktische Erfahrung: bringt Freude.

Die goldene Tinktur

Überbegriff: Die innere Stimme
Körperliche Wirkung: 2., 3. Chakra
Pflanzliche Information: Bambus, Primel
Edelsteininformation: Bernstein
Ergänzende Kahuna-Essenzen: Awa, Noni
Ergänzende Bachblüten: Cerato, Scleranthus, Gentian, Gorse
Die goldene Tinktur ist sehr hilfreich, wenn es darum geht, in die innere Mitte zu kommen, den Platz der Ruhe in uns zu finden. Von hier aus können wir beginnen, auf unsere innere Stimme zu hören (die uns immer richtig führt). Hier ist auch der Ort, an dem die Kraft wohnt, um das, was wir wirklich wollen, in die Tat umzusetzen. Bringt daher allgemein Selbstvertrauen und Klarheit. Unterstützt die Entscheidung, sich aus Abhängigkeiten und evtl. auch Süchten zu lösen.
Praktische Erfahrung: Ruhe und innere Weisheit.

Die gelbe Tinktur

Überbegriff: Die Leichtigkeit des Seins
Körperliche Wirkung: 3., 5. Chakra
Pflanzlicheinformation: Mahonie
Edelstein-Information: Topas, Zitrin
Ergänzende Kahuna-Essenzen: Kukui
Ergänzende Bachblüten: Chicory, Vervain, Vine, Beech
Wenn Sie nicht mehr kämpfen wollen, die Kontrolle aufgeben möchten oder, anders gesagt, wirklich gelassen werden wollen, dann ist die gelbe Tinktur sicher die richtige. Jeder negative Gedanke ist schlimmer als ein Eßlöffel Gift – diese Tinktur hilft Ihnen, diese Gifte auszuschwemmen und unterstützt Sie dabei, nicht erneut in die alten Muster zu fallen. Es kostet sehr viel mehr Energie, zu kämpfen und festzuhalten als gelassen und voller Vertrauen zu sein – was aber mit Fatalismus nichts zu tun hat! Diese Tinktur bringt die Sonne ins Leben.
Praktische Erfahrung: hinaus aus dem alten Trott.

Die olivgrüne Tinktur

Überbegriff: Wir sind alle eins
Körperliche Wirkung: 1., 3., 4., 7., 8. Chakra
Pflanzliche Information: Olive, Zeder
Edelsteininformation: Moldavit
Ergänzende Kahuna-Essenzen: Koali
Ergänzende Bachblüten: Agrimony, Centaury, Walnut
Diese Tinktur bringt etwas Wunderbares in Bewegung: Wir sehen mehr und mehr die übergeordneten Prinzipien, die größer sind als wir. Mit der olivfarbenen Tinktur beginnen wir, uns selbst nicht mehr so wichtig zu nehmen (als Ego und Person) und können öfter über uns selbst lachen. Wir werden wirklich teamfähig, überwinden Hemmendes und Trennendes, weil wir unser eigenes, inneres Wesen erkennen – und das der anderen. Diese Tinktur wirkt wie eine Brücke – was eben noch getrennt war, wird nun verbunden. Sie schafft Raum für Neues und bringt Freude.
Praktische Erfahrung: wirkt oft wie ein Wunder.

Die grüne Tinktur

Überbegriff: Das Herz öffnen
Körperliche Wirkung: 1., 3., 8. Chakra
Pflanzlicheinformation: Eiche, Efeu (russisch)
Edelstein-Information: Smaragd
Ergänzende Kahuna-Essenzen: Popolo, Olena
Ergänzende Bachblüten: Larch, Pine, Elm, Sweet Chestnut
Öffnet uns verstärkt wieder für die Gefühlsseite des Lebens, denn aus ihr bekommen wir unsere seelische Nahrung. Für alle unsere Bedürfnisse Raum schaffen. Bringt Erleichterung und den Wunsch, «Pause» zu machen. Der Frage nachgehen: «Was nährt mich wirklich?» Die Wahrheit finden und dieser im Leben den ihr gebührenden Raum geben. Bringt auch ein streßreiches Berufsleben wieder in ein gesundes Gleichgewicht. Verstärkt das Gefühl, innerlich frei entscheiden zu können und es auch zu wollen.
Praktische Erfahrung: Hilft dem Herzen in allen Situationen.

Die türkisfarbene Tinktur

Überbegriff: Kreativer Ausdruck
Körperliche Wirkung: 4., 5. Chakra
Pflanzliche Information: Polarbaum
Edelsteininformation: Aquamarin, Türkis
Ergänzende Kahuna-Essenzen: Essiak
Ergänzende Bachblüten: Mustard, Honeysuckle, Gorse, Pine
Die Fähigkeit, die eigenen Gefühle, die eigene Wahrheit und die innere Weisheit mit vielen Menschen zu teilen, wird unterstützt und gefördert. Da jeder von uns auf seine Weise einmalig ist, kommt nun die Zeit, in der Sie dieses Einmalige anderen Menschen zeigen, um sie daran teilhaben zu lassen. Es ist die Kommunikation eines neuen Zeitalters – jeder gibt sein Bestes und hat Freude daran, es zu tun. Die kreative Energie wird so mächtig, daß Sie dies weniger «machen», sondern daß es vielmehr geschieht.
Praktische Erfahrung: fördert das wahre ICH zutage.

Die blaue Tinktur

Überbegriff: Schutz und Geborgenheit
Körperliche Wirkung: 5. Chakra
Pflanzliche Information: Maulbeere, Walnuß
Edelsteininformation: Saphir, Topas (blau)
Ergänzende Kahuna-Essenzen: Awa, Olena
Ergänzende Bachblüten: Gentian, Gorse, Rock Water, Walnut
Hier bekommen wir eine sehr gute Unterstützung, uns seelisch geschützt und geborgen zu fühlen, besonders in Zeiten extremer Belastungen, seien sie beruflich oder privat. Wir bekommen wieder Kontakt mit unserer eigenen Autorität, werden innerlich ruhig und handeln aus unserem Zentrum. Der Geist wird klar, die Konzentration auf das Wesentliche fällt leichter, Ängste und Sorgen treten deutlich in den Hintergrund.
Praktische Erfahrung: beruhigt die Hast des Alltags, fördert Klarheit.

Die königsblaue Tinktur

Überbegriff: Den sechsten Sinn erwecken
Körperliche Wirkung: 6. Chakra
Pflanzliche Information: Stockrose, Tanne, Vergißmeinnicht
Edelsteininformation: Lapislazuli
Ergänzende Kahuna-Essenzen: Olena, Noni
Ergänzende Bachblüten: Holly, Wild Oat

Die königsblaue Tinktur unterstützt unsere uralte Fähigkeit, mit unseren inneren Augen zu sehen, denn nur mit ihnen können wir erkennen, was wirklich ist. Unsere körperlichen Augen sind stark mit dem Verstand und vielen Mustern verbunden – wenn diese Augen etwas wahrnehmen, ist das Thema häufig «Habenwollen». Mit den inneren Augen sehen wir den ewigen Teil, das SEIN. Besonders hilfreich für jene, die sich leicht «einwickeln» lassen, weil sie fähiger werden, die Wirklichkeit zu erkennen.

Praktische Erfahrung: sehr hilfreich bei Problemen im Kopfbereich (Migräne, Kopfschmerzen, Seh- und Hörstörungen).

Die violette Tinktur

Überbegriff: Der Frieden des Herzens
Körperliche Wirkung: 7. Chakra
Pflanzliche Information: Veilchen, Lavendel, Mistel
Edelsteininformation: Amethyst, Opal
Ergänzende Kahuna-Essenzen: Kukui
Ergänzende Bachblüten: Star of Bethlehem, Sweet Chestnut, Gorse, Willow

Eine besondere Tinktur: Sie wirkt in fast allen Situationen und in fast allen Bereichen zunächst einmal beruhigend und besänftigend, heilend. Sie ist wie Öl, daß man auf hohe Wellen gießt – ein tiefer Frieden zieht langsam ein, der Sinn, der hinter jeder Situation verborgen liegt, wird erkennbar. Sie bringt Beruhigung, Erleichterung, Hoffnung, Einsicht und mehr Vertrauen in das Leben. Für Kinder ebenso heilsam wie für Erwachsene.

Praktische Erfahrung: gehört in die Hausapotheke.

Die magentafarbene Tinktur

Überbegriff: Für die göttliche Liebe öffnen
Körperliche Wirkung: 1., 8. Chakra
Pflanzliche Information: Rhododendron, Schlehdorn
Edelsteininformation: Opalit
Ergänzende Kahuna-Essenzen: Awa, Koali
Ergänzende Bachblüten: Holly, Oak
Hier geht es darum zu erkennen, daß wir im Grunde bereits alles haben, was wir zum Leben und Wachsen benötigen. Mit dieser Tinktur richten wir unsere Aufmerksamkeit wieder auf die kleinen Schönheiten des Lebens und werden im Herzen dankbar dafür. Wir lernen zu sehen, daß das göttliche Prinzip alles durchdringt und in jedem Moment sichtbar sein kann, wenn ich mich öffne, um es wahrzunehmen. Die Liebe ist in den kleinen Dingen des Lebens versteckt – wir können sie überall finden.
Praktische Erfahrung: den Sinn im Leben finden.

Die Regenbogentinktur

Überbegriff: Ich lasse mich von meiner Seele leiten
Körperliche Wirkung: alle Chakren
Pflanzliche Information: weiße Rose
Edelsteininformation: Mondstein, Sonnenstein
Ergänzende Bachblüten: Holly
Ergänzende Kahuna-Essenzen: Olena, Popolo
Diese Tinktur wurde für einen besonderen Zweck geschaffen: Sie bringt alle Chakren kurzzeitig in Harmonie miteinander und energetisiert das Wesen. Daher besonders in allen Gruppenprozessen zu empfehlen, denn so können sich alle miteinander und aufeinander einstimmen. Auch sehr gut bei Meditationen, in einer Gruppe oder allein. Hat sich auch bestens bewährt, wenn Partner Meinungsverschiedenheiten durch ein Gespräch beilegen wollen. Hilft dabei, den anderen besser zu hören und seinen Standpunkt eher nachzuvollziehen. Fördert Respekt.
Praktische Erfahrung: Unterstützung jedes Gruppenprozesses.

Die kosmetischen Produkte

Nach Vickys Aussagen sind ihre kosmetischen Produkte das Ergebnis ihrer Ausbildung in den «frühen Jahren». Manche Kosmetika wurden noch in der Apotheke von Mr. Horsley «erfunden» und haben sich seit dieser Zeit bestens bewährt. Andere sind später hinzugekommen, aber alle wurden und werden nach Vickys Grundsatz gefertigt: «Made with love – used with joy» (mit Liebe gemacht, mit Freude benutzt). Sie selbst sagte zu ihren kosmetischen Produkten, daß sie ein spielerischer Weg sind, die Liebe zu uns selbst zu leben und zu vertiefen. Die Produkte enthalten keine künstlichen Zusätze, auch die Farben sind rein natürlich.

Die Apothekercremes

Die Zusammensetzung entstammt dem alten pharmazeutischen Wissen. Es ist eine Nährcreme, die gut von der Haut aufgenommen wird; als Tages- und als Nachtcreme gleichermaßen wirksam. Sie heilt und verschönt. Sie ist in vier unterschiedlichen Ausführungen erhältlich:

1. *Calendulacreme:* besonders gut für alle Arten von Hautirritationen.
2. *Die violette Barriercreme:* eine Schutzcreme, besonders in der heutigen Zeit.
3. *Vitamin-E-Combicreme:* zum Heilen und Verschönern
4. *Aloe Vera:* der «Edelstein» unter den Heilcremes.

Die Carefreecreme
Während des zweiten Weltkriegs entwickelt, ist sie seither in vielen Kliniken dauernd in Gebrauch und hat sich sehr bewährt. Für schmerzende, brennende und angeschwollene Füße, aber ebenso hilfreich bei Fußschweiß und Fußgeruch. Für Sportler vor Belastungen als Prophylaxe sehr empfehlenswert.

TAO-Aftershave
Ausgewogen in seinen Bestandteilen, sanft in der Wirkung. *Türkis:* für trockene Haut; *Topas:* für fettige Haut.

Massageöl
Von Vicky für alle Hauttypen geschaffen, wird es seit vielen Jahren in England und in der Schweiz mit großem Erfolg verwendet. Rein natürliche Inhaltsstoffe. Die Sensibilität der Hände bleibt erhalten. Es regt an und beruhigt zugleich.

Dieses Öl dringt in die Haut ein und regt die Lebensenergie auf einer tiefen Ebene an. Gleichzeitig beruhigt es und verhilft dem Körper und den Muskeln zu tiefer Entspannung.

Vitamin-E-Öl
Nur äußerlich anzuwenden! Reiben Sie mit diesem Öl irritierte, entzündete oder eitrige Hautstellen bzw. die umgebenden Hautpartien ein. Auch als reines Hautnähröl sehr empfehlenswert. Sie können dieses Öl auch in andere, von Ihnen üblicherweise benutzte Cremes einarbeiten, um die heilende Wirkung zu erzielen.

Haartonic «Abundance»
Speziell ausgesuchte Kräuter helfen bei regelmäßiger Anwendung, strapaziertes Haar zu nähren, dünnes oder ausfallendes Haar zu revitalisieren und das Wachstum der Haare allgemein anzuregen. Bewährt bei krankhaftem Haarausfall (Alopecia) und nach Chemotherapie sowie bei Haarausfall, bedingt durch Streß, und nach einer Krankheit.

Allzweckhautcreme

Eine wunderbar nährende Creme für den ganzen Körper. Nicht fettend und dennoch die Haut nährend und aufbauend. Sie eignet sich glänzend als Make-up-Unterlage sowie als Nachtcreme für die jüngere Haut. Die Hände werden weicher und Nägel wieder fester. Sehr gut bei trockener Haut.

Eine Creme für die ganze Familie. (Dies ist die «Wundercreme», die Vicky in ihrem Buch erwähnt hat.) In den Farben Rosa, Gelb, Grün, Blau, Violett und Weiß erhältlich.

Revitalisierungslotion

Diese verjüngende und kleine Fältchen glättende Lotion bringt Ihnen bei regelmäßiger Anwendung eine jugendlich wirkende Haut. Sie dringt tief in die Unterhaut ein und reinigt gründlich. (Auch für Herren gut geeignet!) Normalisiert fettige Haut, große Poren und Mischhaut. Klinische Tests haben eine große Wirksamkeit bei Akne, Mitessern und anderen Hautunreinheiten ergeben. Besonders für diesen Zweck wählen Sie bitte die Farben Violett, Blau oder Grün. (Die Revitalisierungslotion ist in den Farben Rosa, Gelb, Grün, Blau und Violett erhältlich.) In Verbindung mit der Allzweckhautcreme erhöht sich die Wirkung. Zuerst die Lotion und anschließend die Creme benutzen.

Eye Illuminaire

Eine gut bewährte Möglichkeit, müde oder angestrengte Augen zu beruhigen. Die kleine Glasflasche enthält eine violett-farbige Flüssigkeit, die Sie vor Ihr Auge halten (mit Lichteinfall). Unterstützt die Augen bei allen Arten von Fehlsichtigkeit. Sehr bewährt.

Duschbad Flowershower

Lassen Sie sich vom Duft dieser Blumen verwöhnen! Für Haut und Haare gleichermaßen geeignet! Ein außergewöhnlich angenehmes Gefühl stellt sich ein, Sie empfinden sich «wie neu geboren». In verschiedenen Farben erhältlich: *Gold:* für das Alltagsrennen. *Grün:* zur Stärkung und Unterstützung. *Blau:* für Ihren

Frieden. *Violett:* für Streßabbau, Beruhigung. *Rosa:* aus Liebe zu sich selbst. (Weitere verfügbare Farben: Gelb, Weiß, Königsblau, Koralle, Orange, Türkis, Purpur, Oliv, Magenta.)

Beauty Bath

Enthält keine Seife und wirkt dennoch tiefenreinigend. Auf die feuchte Haut geben. Es entfaltet sich eine angenehm cremige Substanz. Die enthaltenen natürlichen Öle und speziellen Kräuter ziehen tief in die Haut ein, beruhigen und heilen. Sehr wirksam, um alle Hautirritationen (auch Pilze) zu heilen. Nicht ins Badewasser geben! In den Farben Rosa und Gold.

Bademilch

Enthält entspannende Essenzen und Kräuter, aber keine Seife. Reinigt und schenkt einen schönen Körper. Dem Badewasser zugefügt, entfaltet es ein Aroma von «Luxus» und bringt das Gefühl der «Erneuerung». In den Farben Pfirsichrosa, Weiß, Blau, Rosa, Grün, Violett und Gelb erhältlich.

Badekristalle

Denjenigen, die Badekristalle bevorzugen, stehen diese mit etwa der gleichen Wirkung wie die Bademilch in den Farben Rosa, Gelb, Gold, Grün, Blau, Violett und Weiß zur Verfügung.

Algenmineralbad

Viele alte Kulturen, besonders aber die chinesische, haben Algen genutzt, um sich beim Baden zu kräftigen. Das Bad enthält viele Vitamine und Mineralien, Jod und Spurenelemente – die Kraft des Ozeans wird fühlbar. Besonders in der heutigen Zeit mit hoher Luftverschmutzung eine gute Möglichkeit, um den Körper zu stärken und widerstandsfähig zu erhalten. Entspannen Sie sich in einem Algenbad und tanken Sie frische Energie!

Die Berichte meiner Patienten sowie meine persönliche Erfahrung mit all diesen Produkten sind ausnahmslos positiv. Es wird fühlbar, was Vicky sagte: «Made with love, used with joy.»

Massagetechniken mit Aura Soma

Immer wieder ist mir in den vergangenen Jahren aufgefallen, daß bestimmte Massagetechniken die Wirkung von Aura Soma unterstützen und noch weiter entfalten. Die erfolgreichsten Techniken möchte ich Ihnen hier vorstellen.

Medizinisch erwiesen ist, daß Säuglinge, die täglich mit den Aura-Soma-Kinderölen massiert werden, deutlich früher lächeln als andere Kinder, die nicht massiert werden. Sie sind wacher, offener und kontaktfreudiger, können ihre Gefühle leichter zeigen und sind nicht so streßanfällig. Das gilt sinngemäß für Erwachsene übrigens genauso.

Zur Massage benötigen Sie keine besondere Ausbildung; Sie müssen nur bereit sein, sich selbst (bei der Eigenmassage) oder einen anderen Menschen liebevoll zu berühren, sich auf Ihre Hände einzulassen und Ihren Händen zu folgen. Grundsätzlich wird die Hautoberfläche leicht massiert, indem Sie die gewählten Essenzen mit Ihren Händen einreiben. Es geht dabei nicht um spezielle Muskelpartien oder Reflexzonen usf.

Berühren Sie sich oder den anderen zart, aber mit einer gewissen Festigkeit. Umgehen Sie entzündete oder anders veränderte Hautstellen. Bei allen Arten von Schmerz ist die B 1 grundsätzlich zu empfehlen.

Natürlich ist es wichtig, daß Sie einen gut warmen Raum vorbereiten und Störungen aus der Außenwelt für die Zeit der Massage vermeiden.

Sie können grundsätzlich Balance-Öle, Pomander oder

Quintessenzen verwenden – entscheiden Sie das nach Ihrem Gefühl. Die roten Balance-Flaschen sind zur Massage nicht geeignet; sie setzen zuviel Energie frei, und der gewünschte Erfolg wird somit in Frage gestellt.

Handmassage

Dauer: je Hand etwa sieben bis zehn Minuten.

Was nehme ich? Balance-Öl, Pomander oder Quintessenz.

Wie massiere ich? Die Hand des anderen mit beiden Händen fest halten und mit leicht kreisenden Bewegungen der Daumen zunächst auf der Außenseite, dann auf der Innenseite, mit den Fingerspitzen beginnend, zum Herzen hin massieren, bis etwa in Höhe des Handgelenks.

Leicht an jedem Finger ziehen und diese dreimal sanft nach rechts, dann dreimal nach links drehen. Jeden Finger einzeln vom Ansatz bis zur Spitze massieren. Arbeiten Sie langsam und mit Gefühl.

Anschließend dreimal mit beiden Händen über die massierte Hand streichen; die andere Hand genauso liebevoll behandeln.

Praktische Erfahrung: wirkt sehr entspannend.

Fußmassage

Dauer: pro Fuß etwa sieben bis zehn Minuten.

Was nehme ich? Balance-Öl, Pomander oder Quintessenz.

Wie massiere ich? Legen Sie den Fuß am besten in Ihren Schoß, bringen Sie beide Hände rechts und links in den Bereich der Zehen, und ziehen Sie nun mit kreisenden Bewegungen sanfte Striche in Richtung Herz, bis hinauf zum Knöchel. Mit den Daumen den Fersenbereich gut massieren und um die Knöchel herum sanfte Kreise ziehen.

Den Fuß zum Abschluß dreimal im Uhrzeigersinn und dreimal in Gegenrichtung kreisen lassen und mit drei Strichen von den Zehen zum Herzen hin die Massage beenden. Danach kommt der zweite Fuß dran.

Praktische Erfahrung: erdet und baut «Überdruck» wunderbar ab.

Nackenmassage
Dauer: zehn bis fünfzehn Minuten.
Was nehme ich? Am besten die B 1.
Wie massiere ich? Die Massage findet im Liegen statt. Die Schultern sollten frei sein, lange Haare können Sie hochstecken. Legen Sie dann den Kopf zuerst auf die rechte Seite und beginnen Sie, die linke Kopfhälfte mit kreisenden Bewegungen von der Schulter aufwärts zur Schädeldecke zu massieren. Es sieht so aus, als ob Sie dem anderen den Kopf waschen würden. Nehmen Sie sich Zeit, wechseln Sie dann die Seite.

Anschließend liegt der Kopf gerade, und Sie massieren mit kreisenden Bewegungen die Nacken- und Schulterpartie, danach den oberen Brustbereich. Fragen Sie, was dem anderen angenehm ist, und stellen Sie sich auf seine/ihre Wünsche ein. Beenden Sie die Massage mit drei großflächigen Strichen von der Brustmitte in Richtung Schultern und Oberarme. Gönnen Sie Ihrem «Patienten» dann noch eine Weile Ruhe.
Praktische Erfahrung: hilfreich, um Streß und Sorgen abzubauen.

Gesichtsmassage
Dauer: zehn Minuten.
Was nehme ich? Hervorragend sind z. B. B 15 und B 16, evtl. B 44.
Wie massiere ich? Stellen oder setzen Sie sich hinter die Person, die ihre Augen geschlossen hat. Verteilen Sie die Essenz mit sanften Strichen vom Kinn aufwärts zur Stirn, und ziehen Sie dann drei sanfte Striche mit beiden Händen gleichzeitig vom Kinn herauf zur Stirn. Folgen Sie Ihrem Gefühl; beachten Sie dabei, daß der Haaransatz, beide Wangenpartien, die Ohren (die nicht geknickt werden sollten) und der Bereich um die Nase besonders sensibel sind und gerne mit leichten, kreisenden Bewegungen entspannt werden.

Es hat sich bewährt, eine schöne Musik zur Unterstützung der Entspannung laufen zu lassen. Lassen Sie zum Abschluß der Massage Ihre Hände leicht wie eine Feder auf den Augen liegen, senden Sie Ihrem «Patienten» liebevolle Gedanken. Legen Sie dann noch ein leichtes Papiertaschentuch auf die geschlossenen Augen, und lassen Sie den anderen noch einige Minuten genießen. **Praktische Erfahrung:** sehr gut, um sorgenvolle Gedanken loszuwerden.

Mir wurde auch häufig berichtet, daß Paare sich gegenseitig auf diese Weise etwas Gutes tun. In allen diesen Fällen wurde die Partnerschaft durch das Geben und Empfangen liebevoller, heilender Energie gefestigt und das gegenseitige Vertrauen gestärkt.

Ich persönlich ziehe übrigens eine Synchronfußmassage vor. Dabei gibt jeder einen Fuß dem anderen in den Schoß, und beide folgen dem Gefühl ihrer Hände. Oft kommt es im Verlauf dieser Massage zu Gesprächen von ungewohnter Tiefe und Ehrlichkeit. Diese Art der gleichzeitigen gegenseitigen Massage ist vor allem für Paare zu empfehlen, die tagsüber wenig Zeit füreinander haben oder für «Wochenendbeziehungen».

Babymassage
Dauer: fünf Minuten und länger.
Was nehme ich? Zum Beispiel B 11, 23, 44, 50 bis 62, 71, 74, 81.
Wie massiere ich? Folgen Sie Ihrer Liebe und Ihren Gefühlen. Beachten Sie, daß der Raum warm ist und es keine Zugluft gibt; streicheln Sie den Körper mit sanft kreisenden Bewegungen, und beachten Sie die Reaktionen Ihres Kindes. Es selbst zeigt Ihnen genau, was es mag und was nicht.

Vermeiden Sie, ihm etwas aufzuzwingen. Wenn Sie spüren, daß das Baby nicht massiert werden will, dann gibt es dafür irgendeinen guten Grund; lassen Sie es also lieber sein. Sie Ihrerseits sollten Ihr Kind nur dann massieren, wenn Sie selbst wirklich Lust dazu haben und mit Ihrem Kind auf diese Weise «sprechen» wollen.

Sie können zu jeder Tageszeit massieren; mitunter ziehen Babys die Abendstunden deutlich vor. Bei Frühgeburten oder unterentwickelten Kindern fragen Sie bitte vorher Ihre Hebamme oder den Arzt.

Praktische Erfahrung: Fast alle Babys lieben diese Form der Zuwendung; sie entwickeln sich prächtig und lachen sehr früh.

Chancen und Grenzen von Aura Soma

Anstöße zum kritischen Nachdenken

Sicher ist für mich eines: Aura Soma ist eine Bereicherung für unser Bemühen, psychosomatisch gesünder zu werden, das Leben als ein großes Geschenk zu erkennen sowie tatkräftig etwas für die Heilung dieser Erde zu tun.

In den vielen Jahren, in denen ich mit Heilung und unterschiedlichen Therapieformen beschäftigt bin, war ich stets auf der Suche nach Mitteln und Wegen, die noch tiefer führen, als ich es von Bachblüten, Edelsteinen, Aromatherapie und herkömmlicher Farb- und Klangtherapie als Alleinheilmittel kennengelernt hatte. Mir ging und geht es um ein Erwachen zur spirituellen Identität des Menschen.

Vicky Wall hat an dieser Stelle sicher einen wichtigen Beitrag geleistet. Sie sagte: «Seit Jahrhunderten sind Religion und Wissenschaft getrennt. Jetzt bewegt sich die Wissenschaft hin zu der Erkenntnis, daß wir (die Menschheit) nur weiterkommen, wenn wir uns wieder auf unsere spirituelle Natur besinnen.»

In der täglichen Praxis wird überdeutlich, wie stark sich viele Menschen danach sehen, sich neu zu orientieren, wie groß ihre Einsatzbereitschaft, ihr Durchhaltevermögen und also auch ihre Sehnsucht ist, sich geistig weiterzuentwickeln. Es gibt nicht sehr viele Methoden, die ich als Therapeutin dem einzelnen anbieten kann, um auf diesem Wege weiterzukommen, aber eine von ihnen ist nach meiner mehrjährigen Erfahrung sicherlich Aura

Soma, daneben die segensreiche Kahuna-Medizin, das Gebet und spirituelle Meditation.

Nicht jeder kann sich für diese «bunten Flaschen» erwärmen, aber etwa 50 % der Patienten fühlen sich angesprochen. Die wunderbaren Erfolge, die mit Aura Soma möglich sind, habe ich im Nachschlageteil stichwortigartig und an einigen Fallbeispielen dargestellt, um Ihnen eine Vorstellung zu geben, was mit Aura Soma alles möglich ist. Aber natürlich gibt es auch Dinge, die nicht so brillant sind; auch auf diese Seiten möchte ich hier nun kurz eingehen.

Es wird immer wieder auf eine vermeintliche «Seelenflasche» hingewiesen. Diese «Seelenflasche» – so wird es jedenfalls meistens verstanden – ist diejenige, die bei der *ersten* Auswahl von vier Flaschen die absolute Lieblingsflasche ist und daher an der ersten Stelle steht. Diese «Seelenflasche» ist (nach dem allgemeinen Verständnis) natürlich von da an *immer* meine «Seelenflasche», und die Frage wird mir häufig gestellt: «Und was ist, wenn ich diese Flasche in ein paar Wochen oder Monaten gar nicht mehr mag? Ist sie dann immer noch meine Seelenflasche?»

Verunsicherung und Verwirrung kommen ins Spiel, und der einzelne fühlt sich kaum in der Lage, sozusagen für immer und ewig seine Seelenflasche zu wählen.

Wenn Sie beginnen, mit Aura Soma zu arbeiten, empfiehlt es sich, das über einen längeren Zeitraum zu tun. Sie sollten aber innerlich bei jeder neuen Auswahl völlig frei sein und nicht immer nach der «Seelenflasche» vom letzten Mal schielen müssen. Wenn Sie über einen längeren Zeitraum häufig das Bedürfnis haben, eine ganz bestimmte Flasche immer wieder an die erste Stelle zu setzen, so könnte das Ihre «Seelenflasche» sein, muß es aber nicht.

Da sich Aura Soma auch in einer Weiterentwicklung befindet (wenn wir z. B. an immer wieder neue Flaschen denken), stellt sich deutlich heraus, daß es zunächst einmal gar nicht um diese eine «Seelenflasche» gehen kann! Es besteht die Gefahr, daß wir uns auf etwas fixieren, was wir ohnehin dauernd im Leben tun und was uns nicht guttut. Da das Ziel ein Lösen von alten Vor-Stellungen und Blockaden ist, wollen wir nicht gleich wieder neue aufbauen.

Es geht also um Flexibilität – vergessen Sie erst einmal die Idee der «Seelenflasche» und konzentrieren Sie sich auf jene Flaschen, die Sie genau in diesem Moment ansprechen. Damit erzielen Sie nach meiner Erfahrung den größtmöglichen Nutzen. Und das wollen Sie doch?

Nicht alle 95 Flaschen haben in der Praxis die gleiche Wirkung. Das ist der Grund, warum Sie die Bezeichnung «Hauptmittel» finden. Ich kann Ihnen leider nicht erklären, warum das so ist, aber meine Aufzeichnungen der letzten Jahre belegen die Einteilung, die Sie in diesem Buch wiederfinden, ganz eindeutig.

Wenn Sie bei einer Flasche den Hinweis «Hauptmittel» nicht finden, so heißt das: Diese Flasche ist erfahrungsgemäß weniger wirksam als die anderen. Außerdem wurde sie fast niemals gewählt – spricht also die Mehrzahl der Menschen und ihre elementaren Bedürfnisse zurzeit nicht an.

Es kommt hinzu, daß manche Flaschen eine ähnliche Wirkung haben und Sie sich vielleicht fragen: «Welche soll ich nehmen?» Wählen Sie grundsätzlich immer die, die zu Ihnen spricht, die Ihnen sozusagen in die Hand springt. Schalten Sie den Kopf aus, der vielleicht sagt: «Aber ich mag doch gar kein Violett.» Wenn Sie sich von einer Farbe in diesem Moment angezogen fühlen, dann vertrauen Sie Ihrer inneren Stimme und hören Sie nicht auf den Verstand.

Ein äußerst wichtiger, übergeordneter Aspekt bei der Benutzung ist die *Absicht*. Ein Naturgesetz besagt: «Energie folgt der Aufmerksamkeit bzw. der Absicht.» All Ihre Energie geht bei der Benutzung der Öle, Pomander, Quintessenzen und Tinkturen zunächst in Ihre Absicht. Damit möchte ich sagen: «Halten Sie Ihre Absicht unbedingt positiv.» Sagen Sie nicht: «Ich will meine Ängste loswerden!» (das bedeutet Kampf gegen etwas!), sondern viel besser: «Ich will meine Kraft wiederfinden!» (das bedeutet aktives Sicheinsetzen für etwas). Ihre Einstellung ist sehr, sehr wichtig. Die Erfahrungen der letzten Jahre mit Aura Soma haben dies eindeutig bewiesen.

Wie ich erkennen durfte, wohnt eben dieser Geist auch in den Flaschen und macht einen Teil der Heilwirkung aus. Für uns, solange wir Menschen sind, geht es darum, daß wir uns strebend bemühen, und dies möglichst mit aller uns zur Verfügung stehenden Energie. Dann folgt die Gnade. Wenn Sie die Fallbeispiele lesen, können Sie unschwer erkennen, daß die Gnade – oder nennen wir es auch ein «Wunder» – die Heilung vollzogen hat. Der Mensch hat gewollt, mit aller Kraft seines Wesens. Dann geschieht etwas wirklich Großes.

Ich werde immer wieder gefragt, ob man die Öle auch in anderen Regionen des Körpers auftragen könne als in den angegebenen. Sicherlich ja. Wo immer Sie Ihre Hände hinführen. Mit Ausnahme der B 6; diese Rot-auf-Rot-Flasche sollten Sie niemals höher am Körper als über den Bauchnabel bringen, da die Wirkung zu stark sein könnte.

In Vickys erstem Buch können Sie über die Blasenbildung lesen, die beim Schütteln der Flaschen entsteht, und auch darüber, was diese Blasen zu bedeuten haben könnten. Viele Patienten rufen sorgenvoll an, was denn diese oder jene Blasenbildung zu bedeuten hätte, es sähe so bedrohlich aus und sei doch hoffentlich nichts Schlimmes. Sie wollen dann von mir eine Interpretation.

Bitte lassen Sie sich nicht auf Glatteis führen! Wenn wir beginnen, Blasenbildungen zu interpretieren, kommen wir wieder in den (Pseudo-)Verstand und auf eine (vermeintlich) rationale Ebene – die wir ja eigentlich verlassen wollten.

Vicky war hellsichtig und konnte daher das eine oder andere aus diesem Blasenbild lesen. Wenn Sie oder andere Menschen das tun, bringt es Sie zurück in alle Arten von Ängsten und Befürchtungen. Damit halten Sie den Heilungsprozeß auf, anstatt ihn zu fördern. Es ist nicht wichtig, was womöglich in den Blasen zu erkennen sein könnte, es ist nur *wichtig, was Sie selbst wollen.*

Immer wieder taucht auch die Frage auf, wie es denn um eine etwaige Verbindung zu Tarot-Karten und I-Ging-Zeichen bestellt sei. Oder Patienten kommen und sind zutiefst erschrocken, weil sie über eine bestimmte Aura-Soma-Flasche etwas nachgelesen haben, was sie beunruhigt und ängstigt.

Mit vielen mir bekannten und sehr erfahrenen Therapeuten habe ich versucht, die angegebenen Beziehungen zu den Tarot-Karten sowie zum I-Ging und dem Lebensbaum nachzuvollziehen und herzustellen. Es ist uns gemeinsam nur in sehr wenigen Fällen gelungen, so daß der Eindruck entstanden ist, daß die Bemühung, Querverbindungen herzustellen, keine sinnvollen und anwendbaren Ergebnisse erbringt. Es mag sein, daß sie später entstanden – in den allermeisten Fällen erscheinen sie nicht stimmig. Ich habe auch nicht die Erfahrung machen können, daß die Patienten durch das Wissen um die Tarot-Karte bzw. das I-Ging-Zeichen intensivere Heilerfolge erzielen konnten. Es drängt sich der Eindruck auf, daß diese Hinweise auf angebliche Querverbindungen verzichtbar sind.

Ich halte es übrigens für etwas verschwommen und möglicherweise auch irreführend, den Begriff «Meister» im Zusammenhang mit Aura-Soma-Produkten (oder irgendwelchen anderen Produkten) zu verwenden. Der Begriff «Meister» bezeichnet eine Seele, die bewußt lebt und wirkt und andere Menschen führt. Lebende Meister können recht gut «geprüft» werden, sogenannte aufgestiegene Meister und ihre tatsächliche oder angebliche Mitwirkung hier auf Erden leider aber nicht. Oft genug ist der Wunsch Vater des Gedankens, oft genug spielt die Sehnsucht des Gemüts nach höheren Dimensionen hinein. So soll dann die Beifügung des Begriffs «Meister» vielleicht eine besondere Qualität oder gar Autorisierung signalisieren, die jedoch eher frommen Vorstellungen als nachprüfbarer Wirklichkeit entspringen. Die hochgesteckte Bezeichnung «Meister-...» läßt dann ganz unnötigerweise Zweifel aufkommen – die das (gute!) Aura-Soma-Produkt ohne «Meister-Anspruch» gar nicht verdienen würde. Nun aber wieder zu praktischen Anwendungshinweisen.

Wann immer Sie Ihre vier Flaschen wählen – *ich empfehle sehr, stets vier und nicht nur eine zu wählen!* – hier noch einmal kurz die Bedeutung der Reihenfolge, in der Sie die Flaschen auswählen:

1. Flasche: Ihr bereits mitgebrachtes Wissen – Ihre Lernaufgabe in diesem Leben. Was will die Seele hier auf Erden erreichen?
2. Das Potential, das Sie haben, um diese Aufgabe zu bewältigen und die Hindernisse, die Sie im Laufe des Lebens aus dem Wege zu räumen lernen.
3. Wo stehen Sie in diesem Moment? Was haben Sie bereits erkannt und bewältigt, worauf können Sie verstärkt achten? Was sollten Sie unbedingt tun, was eher vermeiden?
4. Das nächste «Etappenziel», das sich Ihre Seele vorgenommen hat. Sie können noch einmal bewußt entscheiden, ob Sie es erreichen wollen und wieviel Energie Sie dafür einzusetzen bereit sind.

Die Flasche an der zweiten Stelle ist in der Regel auch Ihre Therapie-Flasche, also diejenige, mit der Sie zu arbeiten beginnen.

An dieser Stelle möchte ich auf zwei Dinge deutlich hinweisen:

– Die «Therapie-Flasche» ist nach meiner Erfahrung nicht in jedem Fall die zweite Flasche, die Sie aussuchen.
– Gönnen Sie sich – zumindest für die erste Sitzung – eine/n Aura- Soma-BeraterIn Ihres Vertrauens, und sprechen Sie alles, was Sie fühlen und wissen möchten, mit ihm/ihr durch. Aura Soma entstand zwar, um hauptsächlich in die Hände des Laien anzukommen und dort Gutes zu tun – aber eine eingehende Beratung hat sich zu Beginn einer solchen Therapie bestens bewährt. Sie werden sich gut aufgehoben fühlen und haben einen Ansprechpartner für die vielen Fragen und Situationen, in die Sie kommen werden.

Immer wieder berichten mir Patienten, daß die von ihnen ausgewählte Flasche plötzlich ohne äußere Einwirkung platzt. Nach meiner Erfahrung kann das Bedürfnis nach einer bestimmten Farbschwingung so groß sein, daß es der Aura «nicht genügt», an wenigen Körperstellen mit dieser Schwingung versorgt und genährt zu werden. Der «Hunger» ist so groß und vermutlich seit langem ungestillt, daß die Flasche platzt und ihren Inhalt freisetzt.

In allen solchen Fällen konnte ich feststellen, daß damit dann auch der Bedarf des betreffenden Patienten an dieser bestimmten Flasche gestillt war. Alle sagten mir übereinstimmend: «Ich glaube, diese Flasche benötige ich jetzt nicht mehr.» Es besteht also kein Grund zur Beunruhigung, wenn Ihnen einmal eine Flasche platzen sollte.

Es ist mir wichtig, darauf hinzuweisen, daß die Aura-Soma-Therapie kein Weg ist, der aus einer schwierigen Situation ohne weiteres eine «Friede-Freude-Eierkuchen-Idylle» machen kann. Es kommt, wie erwähnt, manchmal vor, daß sich die Patienten erst einmal schlechter fühlen als vor der Behandlung. **Aura Soma ist auch weder ein Allheilmittel noch ein Alleinheilmittel!**

Was kann möglicherweise alles geschehen?
Am häufigsten finden wir das Symptom des Brusthustens. Schleim will sich lösen, der Körper entgiftet. Durch das Abstoßen des Schleims können die Bronchien und die Lungen wieder mehr Sauerstoff = Energie aufnehmen, d. h., eine neue Phase beginnt.

Am nächsthäufigsten kommt es zur Entgiftung über die Haut. Es entstehen allerlei Hautunreinheiten, Irritationen, juckende Stellen. Dies ist nur eine andere Möglichkeit Ihres Körpers, sich zu befreien.

Sehr häufig erfahren wir auch vermehrte Schuppenbildung und vorübergehenden Haarausfall. Dieses Symptom bezieht sich klar auf das 7. Chakra, d. h., daß in diesem Fall dort die größte Blockierung zu finden ist. Je näher wir dem eigentlichen inneren Kern, dem «true self» (dem wahren Selbst), kommen, um so intensiver setzt der Selbstheilungsprozeß ein.

Häufig entladen sich auch nur die Nasennebenhöhlen. Manchmal ist der «alte» Schleim deutlich dunkler als der normale, es muß aber nicht unbedingt so sein.

Viel trinken, etwas mehr Ruhe als gewöhnlich und sich über die gesunde Reaktion des Körpers (denn es ist ja ein Abstoßen von Ballast) freuen helfen dabei, rasch durch diese Phasen hindurchzugehen.

Bei zu starker Symptomatik können Sie an Ihrer Stimme erkennen, daß Sie «im Streß» sind. In diesem Fall setzen Sie so lange mit der Behandlung aus, bis der Streß aus der Stimme verschwunden ist. Dann fahren Sie wie gewohnt fort, verringern evtl. die Dosierung, ganz nach Ihrem Gefühl.

In seltenen Fällen treten bräunliche Flecken auf der Haut auf, die aussehen wie Pigmentstörungen. Auch sie sind ein Zeichen der Entgiftung und verschwinden nach kurzer Zeit wieder restlos.

Werfen Sie also bitte bei anfänglichen Reaktionen nicht die Flinte ins Korn, es gibt auch keinen Grund, sich zu ängstigen. Dennoch möchte ich an dieser Stelle nochmals auf den gut ausgebildeten Aura-Soma-Berater Ihrer Wahl verweisen (der freilich auch in anderen Bereichen der Heilkunde kundig sein sollte), der Ihnen mit Rat und Tat zur Seite steht, falls Sie zu der einen oder anderen Erstreaktion neigen.

Sehr viele Menschen beginnen gleich mit sehr positiven Reaktionen und lernen die oben beschriebenen Symptome niemals kennen. Da jeder Mensch auf seine Weise einzigartig ist, gibt es keine Möglichkeit, derartige Reaktionen vorauszusehen bzw. vorauszusagen. Haben Sie Mut, probieren Sie Aura Soma: in dieser Therapieform liegt für viele Menschen eine große Chance.

Wenn wir das Neue wollen, müssen wir das Alte erst einmal verabschieden. Das kann durchaus unangenehm sein – aber es ist es wert, denn Sie sind auf dem Weg zurück ins Licht. Das Licht, das in Ihnen darauf wartet, entdeckt zu werden.

Aura-Soma-Beraterinnen Deutschland

Aenderl Ursula, Augsburger Strasse 32, 85221 Dachau, 08131 5 52 40
Ahnert Sanshui U., Linienstrasse 70, 40227 Düsseldorf, 0221 977 90 10
Albers Eleonore, Luis-Flotho-Strasse 5, 37671 Höxter, 05271 92 00 88
Albrecht Eva, Obere-St-Leonardstrasse 18, 88662 Überlingen, 075 51 38 69
Aslanidis-Melzer Christina, Gerhart-Hauptmann-Strasse 4a, 40699 Erkrath, 0211 25 35 54
Aubel Medeia Birgit, Suderkamp 6, 59510 Lippetal, 029 23 17 14
Austel Pia, Fullenheck 10, 53577 Neustadt-Wied, 02683 23 96

Bähr Anne und Karl, Am Kattenbusch 11, 42477 Radevormwald, 021 95 84 55
Bahr-Kessenich Astrid, Tenthoffstrasse 60, 44807 Bochum, 0234 50 23 30
Bandelow-Tapprich Sabina, Karl-Anton-Strasse 15, 40211 Düsseldorf, 0211 361 35 78
Barg Silvia, Reichenbachstrasse 25, 80469 München, 089 201 44 00
Barke Helga, Talstrasse 187, 40764 Langenfeld, 02173 14 94 24
Bauer Regina, Bürgereschstrasse 7, 26123 Oldenburg, 0441 8 21 18
Beck Cornelia, Schellingstrasse 153b, 80797 München, 089 1 23 37 88
Benedict Sumati, Gustav-Müller-Strasse 22, 10829 Berlin, 030 784 73 65
Billek Anand Silvia, Gnadengasse 5, 89340 Reidheim, 0 82 21 73 98
Bind-Klinger Anita, Goethestrasse 3, 64807 Dieburg, 060 71 2 14 34
Block Susanne, Goltsteinstrasse 114, 50968 Köln, 0221 38 41 46
Boettcher Susanne Rosalie, Valentinistrasse 16a, 31860 Emmerthal, 05155 74 57
Bosse Imme, Burgstrasse 9, 30900 Wedemark, 05130 16 55
Brand Constanze, Blumenweg 8, 12105 Berlin, 030 706 59 41
Brockelt Petra, Zinnstrasse 11, 33649 Bielefeld, 0521 45 22 38
Brose Heide, Bahnhofstrasse 15, 31303 Burgdorf, 05136 8 60 8774
Budeus Regina, Am Isarkanal 24, 81379 München, 089 724 11 30
Burchard Maria-Andrea, Finkenstrasse 4, 31180 Giesen, 05121 77 03 11

Citovics Margot, Marstallstrasse 27, 73033 Göppingen, 071 61 7 50 73
Claus Petra, Pestalozzistrasse 8, 61118 Vad Vilbel, 06101 1 21 81
Cryns Margret, Am Hohnshäuschen 4, 51469 Bergisch Gladbach, 022 02 3 87 40
Cynis Egbert, Rochusstrasse 56, 52428 Jülich, 02461 3 14 16

Darmstadt Helmut, Au 1, 83209 Prien a. Chiemsee, 08051 9 20 57
Dauguet-Schell Aurélienne, Altes Zeughausgässchen 1, 86152 Augsburg, 0821 51 50 89
de Vries-Weninger Gerda, Kieler Strasse 13, 22769 Hamburg, 040 85 77 73
Deyerl Erika, Gunterstrasse 11, 86152 Augsburg, 08 21 3 97 88
Dieken Ulrike, Ginsteweg 30, 52525 Heinsberg, 02452 627 06
«Die Lichtinsel» Suzan Wiegel, Schmausenbuckstrasse 86, 90480 Nürnberg, 0911 40 33 44

Doelker Helgard, Bernlappstrasse 4a, 79108 Freiburg, 0761 55 54 97
Drücke Heide Maria, Schröderstrasse 39, 69120 Heidelberg, 06221 41 24 37
Dübner Suchata E., Adelheidstrasse 33, 65185 Wiesbaden, 0611 37 71 43
Dünkel Brigitte, Waibachstrasse 36, 72116 Mössingen, 074 73 49 11
Dütsch Irene, Borstellstrasse 14, 12167 Berlin, 030 796 22 63

Eisbrenner Mahak Naemi, Öffelestrasse 12, 81543 München, 089 651 54 01
Erben Premal Ruth, Ernsdorfer Strasse 92, 83209 Prien, 08051 12 05
Erben Sabina, Reichenbachstrasse 51 80469 München, 089 201 51 80

Fandrich Monika, Bleicheweg 15, 89347 Bubesheim, 08221 1685
Fichtner Mechthilde Regine, Beethovenstrasse 10, 34414 Warburg,
05641 74 00 01
Fiebelkorn Eva Maria, Herzenbergweg 10, 65589 Hadamar, 064 33 43 16
Fincke Doris, Gartenstrasse 2, 60594 Frankfurt, 069 61 97 04
Fischer Rose, Wilhelmstrasse 43, 80801 München, 089 33 22 20
Fock Andrea, Käthe-Kollwitz-Weg 8, 24568 Kaltenkirchen, 041 91 6 08 86
Förster Michael, Odenwaldblick 27, 65207 Wiesbaden, 06127 6 62 35
Franzel Charaka A., Beethovenstrasse 22, 60325 Frankfurt, 069 74 69 96
Frech Gabi, Rurstrasse 18, Rurstrasse 8, 52349 Düren, 02421 4 38 94
Funfack Ursula, Holnisserweg 8a, 24977 Grundhof, 04636 1 80 18

Gäfer Renate, Habichtswaldstrasse 4, 34260 Kaufungen, 05605 37 49
Gaida Anja, Hamburger Chaussee 28a, 24114 Kiel, 04 31 68 76 66
Gienanth Sylvie von, Hünistrasse 1/1, 88046 Friedrichshafen, 07541 3 21 23
Gimhorn-Fischer Imgard, Bäumchesweg 59a, 41239 Mönchengladbach,
02166 3 35 09
Göttinger Ursula, Peter-Hans-Strasse 10, 84494 Neumarkt/St. Veit, 08639 86 61
Gräfe Gabriele, Rodderbergstrasse 2, 50937 Köln, 0221 43 73 29
Gregor-Klenk Sylvia, Am Göppenbüchl 11, 82239 Alling b. München,
081 41 7 40 00
Greifenstein Gabriele, Aschaffenburger Strasse 9, 83064 Raubling, 080 35 13 78
Griel Claudia, Augustusstrasse 7a, 86343 Königsbrunn, 08231 3 24 81
Grotsch Sylvia, Bundesallee 38, 10717 Berlin, 030 878 10 98
Gutsch Ina, Pariser Strasse 59, 10719 Berlin, 030 745 22 98

Hausmann Andrea, Hummerich 48a, 53859 Niederkassel, 0228 45 42 80
Hehenkamp Carolina, Franz-Josef-Strasse 40, 80801 München, 089 39 19 09
Hellwig Angela Marina, Jachmannstrasse 5, 24143 Kiel, 0431 73 915 (5)
Hermann Grit, Zur Heidkoppel 4, 29575 Altenmedingen, 05807 12 62
Herrlich Frederike, Gerbestrasse 7, 40591 Düsseldorf, 0211 788 17 35
Hirschbolz Gerda, Nordendstrasse 45, 80801 München, 089 271 27 40
Hoffmann Bernhard, Naturfreundstrasse 4a, 83734 Haushau, 08026 5 81 58
Hoffmann Bhavata, Oberländer Wall 30, 50678 Köln, 0221 38 48 49

Hoffmann Sigrun, Forsterstrasse 122, 82380 Peissenberg, 08803 2306
Höfner Sabine, Königskerzenweg 13, 26135 Oldenburg, 0441 20 34 68
Holländer Annette, Flurstrasse 5, 85635 Höhenkirchen, 08102 63 38
Hopp Brigitte und Ingo, Dieselstrasse 29, 64546 Mörfelden
Hubatsch Karin, Hausstrasse 74, 72076 Tübingen, 070 71 63 47 31
Huber Frank, Bahnhofstrasse 32, 63165 Mülheim/Main, 06108 7 47 05
Hudecek Gabriele, Marienstrasse 21, 63820 Elsenfeld, 06022 78 34
Hug Inge, Hegaustrasse 11, 78467 Konstanz, 075 31 5 04 09

Ifftner Annette, Altewiekring 76, 38102 Braunschweig, 0531 79 43 02

Jank Hedda, Domstrasse 79, 63067 Offenbach, 069 81 24 21

Kaschube Martina, Elsterkampstrasse 1, 32339 Espelkamp/Isenstedt,
05743 21 88
Khanu Heidrum, Kannebäcker Strasse 15,. 51105 Köln, 0221 83 42 22
Knappstein Elke, Gartenstrasse 3, 59469 Ense, 029 38 47 73
Knopp Jürgen, Lerchenweg 20d, 24558 Henstedt-Ulzburg, 04193 32 72
Koch Andrea, Am Linkberg 54, 33619 Bielefeld, 05 21 16 32 12
Kohler Amala, S., Vohensteinweg 48, 74523 Schwäbisch Hall, 0791 62 47
Köhler Bhakta C., Münchhausenstrasse 32, 81247 München, 089 811 75 01
Koitka Amida Christine, Gertrudenstrasse 30, 28203 Bremen, 0421 7 78 42
Kolb Sylvia, Berlepschstrasse 30, 36124 Eichenzell, 06659 26 73
Kotowski Bodhicharya Marion, Rosenpark 26, 65795 Hattersheim, 06190 7 20 54
Krähmer Nishta Barbara, Bahnhofstrasse 30e, 86919 Utting a. A., 08806 349
Krieter Gabriela, Worbiser Strasse 10, 37115 Duderstadt 05527 67 17
Kriz Britta, Brunnenstrasse 2, 78050 Villingen-Schwenningen, 07721 2 58 29
Kuckuck Frauke, Gustav-Müller-Strasse 22, 10829 Berlin, 030 784 69 37
Kühl Chaitanyo M., Pestalozzistrasse 40, 80469 München, 089 26 54 87
Kuhn Ingrid, Eifelweg 10, 34253 Lohfelden, 05608 27 57
Kutzner Renate, Kayhuder Weg 7, 22417 Hamburg, 040 537 37 16

Laube Rosemarie, Schützallee 69, 14169 Berlin, 030 811 31 08
Leemans Angelika, Leichlingerstrasse 18, 40591 Düsseldorf, 0211 76 28 05
Lehmann Angelika, Bahnhofstrasse 26, 46359 Heiden, 028 67 59 59
Leicht Dagmar, Wernher-v.-Braun-Weg 9, 90513 Zirndorf, 0911 60 45 84
Lemmle Elisabeth, Reger Weg 1, 74363 Güglingen, 071 35 61 49
Leonhardt Garma, Hegelstrasse 16, 63303 Dreieich, 061 03 6 26 03
Lieres Dorothee, Geigenbergerstrasse 22, 81477 München, 089 791 86 92
Lindemann Ursula, Blumenthalstrasse 40, 49076 Osnabrück, 05 41 4 23 94
Lippok Carmen Maria, Mühlenstrasse 14, 65620 Waldbrunn, 06436 62 90
Logemann Brunhilde, Geschw.-Scholl-Weg 7, 27777 Garda, 04221 8 72 97
Lojek-Reichstein Shambhala, Fritz-Husemann-Strasse 3,
45665 Recklinghausen, 02361 4 29 83

Lütjens Irmin, Unter den Eichen 3, 27777 Ganderkesee, 042 23 17 02
Maas Margret, Völklingerstrasse 50, 66346 Püttlingen, 06898 6 27 56
Maier Gudrun, Keesburgstrasse 13, 97074 Würzburg, 0931 88 27 42
Mantwil Michaela, Untere Gerberstrasse 5, 72764 Reutlingen, 07121 33 04 38
Marg Anugama h., Burgwedel 12, 22457 Hamburg, 040 550 15 14
Marn Barbara, Spargelkoppel 5, 25336 Klein Nordende, 041 21 9 17 81
Marten Jutta, Am Steinsiek 10, 33818 Leopoldshöhe, 05202 8 87 27
Mayer-Hajek Helena, Reichenbachstrasse 51, 80469 München, 089 201 51 80
Merz Sabine,. Giselastrasse 29, 80802 München, 089 39 53 61
Mevec Gabriele, Benediktenwandstrasse 35, 81545 München, 089 625 38 65
Meyer Anja, Niedernstrasse 39, 38364 Schöningen, 05352 5 72 75
Midheaven Bookshop, Reichenbachstrasse 51, 80469 München, 089 201 51 80
Moll Claudia, Lange Strasse 23, 337790 Halle/Westfalen, 052 01 1 00 00
Moosburger Neelam-Gerda, Johann-Houis-Strasse 2, 81369 München,
089 714 69 44
Mooser, Anasya, Rellinger Strasse 53, 20257 Hamburg, 040 851 48 26
Müller Sigrid, Juliusstrasse 6, 65189 Wiesbaden, 0611 37 47 57
Münchow Ingrid, Strandweg 7, 22587 Hamburg, 040 866 39 55

Naegele Eva, Brunnenstrasse 30, 40223 Düsseldorf, 0211 31 30 49
Naumann Volker, Ueberdinger Strasse 10d, 40668 Meerbusch, 02150 50 68
Neufert Santena Annette, Lewerentzstrasse 55, 47798 Krefeld, 02151 77 77 27
Neuhaus Winifried, Rodderbergerstrasse 59, 53179 Bonn, 0228 85 67 51
Neumann Isolde, Motterstrasse 49, 90541 Nürnberg, 09 11 649 13 22
Ninke Christiane, Hildesheimer Strasse 137, 30173 Hannover, 05 11 809 17 07
Nitsche Sophia M., Uhlandstrasse 1, 88400 Biberach, 07351 3 28 04

Obenaus Christine, Wolframstrasse 6, 12105 Berlin, 030 751 59 87
Ohlenbusch Hildegard, Viehlandstrasse 5, 27726 Worpswede, 04791 28 75
Oppeln, Elisabeth von, Lehenerstrasse 156, 79106 Freiburg, 0761 8 11 21
Ostergaard-Aimson Petra, Wittener Strasse 172, 45549 Sprockhövel, 02339 26 91

Pagano Ingrid, Brauneggerstrasse 26, 78462 Konstanz, 07531 1 81 81
Peachey Susan, Gut Hühenthal, 37218 Witzenhausen, 05542 52 27
Peter Ursula, Groß-Glienickerweg 3, 14089 Berlin, 030 361 57 70
Peters Kristina Eva, Durchholzerstrasse 49a, 58456 Witten, 02302 7 26 13
Pfaff Jürgen, Weidengasse 6, 61440 Oberursel, 061 71 5 96 87
Posselt Vasanto Genoveva, Saalestrasse 3, 89264 Weissenhorn b. Ulm,
07309 21 77
Precker Karin, Kirchstrasse 8, 53773 Hennef, 022 42 71 92
Prinz Regina, Hochkreuzstrasse 9, 83454 Anger, 08656 71 25

Radel Martina, Gabelsbergerstrasse 27, 80333 München, 089 28 34 46
Ranker Sieglinde, Metzenstrasse 59, 66117 Saarbrücken, 0681 58 41 49

Rascher Elisabeth, Reinburgstrasse 188, 70197 Stuttgart, 0711 757 39 25
Raubach Karin, J.-Leber-Weg 3, 63128 Dietzenbach, 06074 4 29 78
Rebilas Iris, Gohrstrasse 24, 42567 Heiligenhaus, 02056 93 14 0
Redder Helga, Haller Weg 1, 58809 Neuenrade, 02392 6 48 71
Reiter Barbara, Unterstrasse 25, 53859 Niederkassel, 02208 41 09
Rhode Komala Uta, Sybelstrasse 45, 10629 Berlin, 030 324 98 05
Richter Heidi, Seestrasse 78, 70174 Stuttgart, 0711 226 03 29
Richter Martina, Bivetsweg 8, 41542 Dormagen, 02182 74 44
Rode Ursula Anna, Besserstrasse 24, 34225 Baumtal, 05601 8 70 52
Röhrig Brigitte, Burg Dalbenden, 53925 Kall-Urft, 02441 77 00 34
Rosenfeld Dhara Ulrike, Brüsseler Strasse 15, 50674 Köln, 0221 240 45 19
Rossmann Sabine, Albstrasse 6, 89542 Bollheim, 07324 4 19 93
Rosza Jutta, Hoher Weg 3, 21379 Boltersen, 041 36 13 02
Rump Christa-Maria, Rittergut, 77770 Durbach, 07 81 4 27 53
Rupp Ashiko R., Fasottstrasse 1, 80639 München, 089 17 14 43

Sander-Hahn Ute, Großer Reitweg 2, 25421 Pinneberg, 04101 6 49 61
Sandvoss Manfred R., Am Immenkampe 2, 30455 Hannover, 0511 49 86 61
Schaad Jagata Jörg, Corneliusstrasse 16c 80469 München, 089 201 50 09
Schack Margrita, Thorwaldsenstrasse 34, 60596 Frankfurt/M
Scharlach Gertraude, Heidestrasse 52, 60385 Frankfurt, 069 43 21 32
Scherenberg Marlene, Julius-Mosen-Platz 2, 26122 Oldenburg, 0441 1 63 02
Schilling Susanne, Ingendorfer Höhe 17, 50259 Pulheim-Stommeln, 02238 38 08
Schlereth Gunda, Museumstrasse 20, 42489 Wülfrath, 02058 7 27 25
Schliebitz Elisabeth, Röntgenstrasse 8, 59757 Neheim, 029 32 2 11 71
Schmidt Chanda Ute, Pflügerstrasse 18, 12047 Berlin, 030 324 98 05
Schmidt Gabriele, Schuttorfer Aue 13, 52525 Heinsberg, 02452 8 88 35
Schmidt Ute Reingard, Merowingerstrasse 19, 40223 Düsseldorf, 0211 33 62 81
Schmitz Claudia, Odenwaldblick 27, 65207 Wiesbaden, 06127 6 62 35
Schneider Amrit, Venloer Strasse 5–7, 50672 Köln, 0221 5 74 07 14
Scholz Anatto Barbara, Dorfmitte 4, 35043 Marburg, 06421 7 85 65
Schoop Brigitte, Schöne Aussicht 8, 65760 Eschborn, 06173 6 42 27
Schubert Saralo, Biegerstrasse 9, 51063 Köln, 0221 61 01 54
Schulz Brigitte, Hardenbergstrasse 4, 58511 Lüdenscheid, 02351 2 31 47
Schwappach Shambala, Bülowstrasse 7, 50733 Köln, 02 21 760 94 09
Selisch Dorothea, Am Linkberg 54, 33619 Bielefeld, 05 21 16 28 16
Senser Anja, Sommerstrasse 3b, 82234 Wessling, 089 167 80 57
Sitta Irmgard, Humboldtstrasse 129, 90459 Nürnberg, 0911 44 15 60
Sommer Birgitt, Heddernheimer Landstrasse 138, 60439 Frankfurt, 069 57 76 62
Späth Yogendra Hans-Ulrich, Dahlmannstrasse 9, 10629 Berlin, 030 32 00 07 32
Spratte Anne-Marie, Schlossgarten Strasse 81, 72793 Pfullingen, 07121 7 77 92
Stamm Ulla, Robert-Koch-Strasse 20, 85521 Ottobrunn, 089 609 68 43
Stawinoga-Maschke Marianne, Kartäuserhof 6, 50678 Köln, 0221 31 91 44
Steinfeldt Constance, Schilfgraben 57, 21614 Buxtehude, 04161 6 18 00

Stendel Christina, Klosterstrasse 12, 44135 Dortmund, 0231 586 07 20
Stochay Susanne, Undinenstrasse 8, 12203 Berlin, 030 834 93 18
Stoldt Renate, Ostertor 22c, 31162 Heinde, 05064 12 63
Stumpe-Vödisch Barbara, Wiesenstrasse 6, 86556 Kühbach/Aichach,
08251 5 28 20

Tauscher Edelgard, Kleinenztalstrasse 151, 75323 Bad Wildbad, 07081 59 55
Teutenberg Christa, Jägerstrasse 1, 59609 Anröchte, 02947 31 94
Törcsvary Ilona, Rückerstrasse 22, 63820 Elsenfeld, 06022 86 42
Trageser Utta, Burgstrasse 31, 63571 Gelnhausen (öst. v. Frankfurt),
06051 1 76 38
Trautwein Verena, Lindenweg 2, 82284 Grafrath, 08144 76 58
Turbak Evelin, Waldsteig 15, 88634 Herdwangen-Schönach, 07557 10 23

Ullrich Marianne, Nestroyweg 8, 70563 Stuttgart, 0711 735 27 18

van Uelft Stefanie, Obere Strasse 2a, 32694 Dörentrup, 05265 62 39
Vogel Karin, Lessingstrasse 8, 64407 Fränkisch-Crumbach, 06164 33 67
Vogelsang Namaz, Heckscherstrasse 32, 20253 Hamburg, 040 49 81 89
Volk Katrin, Maastrichter Strasse 18, 52134 Herzogenrath, 02406 1 37 29

Wagner Birgit, Heddernheimer Landstrasse 13, 60439 Frankfurt/Main,
069 57 27 27
Währisch Ritmo, Sievershüttenstrase 4, 24629 Kisdorf-Wohld, 04194 73 31
Waiblinger Renate, Burghaldenweg 12, 70469 Stuttgart, 0711 81 35 07
Wallbrunn Klaus, Höltystrasse 1, 81369 München, 089 760 44 80
Walther Chainan C., Eiserne Hand 12, 60318 Frankfurt/Main, 069 55 62 55
Werner Veronika, Mühlstrasse 21, 82439 Grossweil, 08851 70 37
Wertz Britt, Haaggasse 15, 72070 Tübingen, 07071 2 69 29
Wertz Dr. Johannes, Haaggasse 15, 72070 Tübingen, 07071 2 69 29
Wiedemann Marani Mona-Lena, Forsterstrasse 36, 10999 Berlin, 030 618 79 36
Wiegel Suzan H., Schmausenbuckstrasse 86, 90480 Nürnberg, 0911 40 33 44
Wilde Elisabeth, Lettenbachstrasse 29, 86420 Diedorf/Augsburg,
08 21 486 19 30
Willing Darsho Marlies, Brabanterstrasse 31, 50672 Köln, 02 21 56 15 24
Winkelmann Christa, Wollmeine 8, 59519 Möhnesee/Günne, 02924 70 47
Witzel Heike, Kapuzinerstrasse 38, 48149 Münster, 0251 278 005
Wolkdersdorfer Nina, Frapanweg 21, 22589 Hamburg 55, 040 87 25 86
Wörner Uli, Kleegarten 9, 69123 Heidelberg, 062 21 83 08 62
Wuttke-Laube Theresia, Nordring 53a, 38259 Salzgitter, 05341 39 68 06

Zinn-Kraa-Ackermann Ilse, Kasseler Strasse 10, 34329 Nieste, 056 05 40 61

Aura-Soma-Beraterinnen übrige Länder

Österreich
Arnold Hanja, Angererweg 30, 6380 St. Johann/Tirol
Blaas Claudia, Pembaurstrasse 29, 6020 Innsbruck
Ebert Silvia, Beckmanngasse 7, 1140 Wien
Hamp Ursula, Missiondorfstrasse 1612, 1140 Wien
Hillinger Gabriela, Augasse 3, 2482 Munchendorf
Hoenegger Andrea, Kapellenstrasse 69, 2100 Leobendorf
Hulke Waltraud-Maria, Kanzelhoehe 11, 9521 Treffen/Kaernten
Kappacher Elisabeth, Raphael Donnerstrasse 20a, 5026 Salzburg
Knobloch Gerold, Wienerstrasse 14, 2410 Hainburg/Donau
Leheckar Uly, Dr. S. Stranskystrasse 11, 2540 Bad Voeslan/Baden
Mally, Czezik-Muller Edda, Spitalgasse 25, 1090 Wien
Mauser Eveline, Jedlersdorferstrasse 99.33.3.13, 1210 Wien
Paulinec Melitta, Wolfgrub 27, 4274 Schoeman
Reichlin-Meldegg Hanni und Petra Mambacher, Silbergasse 45-1, 1190 Wien, 0043 1368 8787
Uebel-Helbig Monika, Liechtensteinstrasse 92/29, 1090 Wien
Ungvari Robert, Pantzerberg 21/15, 1190 Wien
Van Look Rita, Achgesse 65, 6900 Bregenz
Virag Rositta, Lichtzentrum Mattsee 361, 5163 Mattsee

Schweiz
Balmer Ursula, Bärenfelserstrasse 25, 4057 Basel, 061 692 14 68
Beesley Kathi, Aumattweg 22, 3032 Hinterkappelen, 031 901 08 88
Bieri Erich, Stotzigenacker 221 D, 3654 Gunten BE, 033 51 42 03
Brunt-Fontana Rita, Neugutweg 8, 8633 Wolfhausen ZH, 055 38 33 78
Darbellay-Fiscalini Maria Jeanette, Frikartweg 10, 3006 Bern, 031 352 82 19
Doesegger Alice, Bruchenweg 362, 4813 Uerkheim, 062 721 28 10
Egger Renate und Jörg, Untersatdt 28, 8200 Schaffhausen, 053 24 50 30
Elsener Sylvia, Zürichstrasse 12, 8134 Adliswil, 01 710 02 32
Garz-Weber Milena, Sanatoriumstrasse 23, 8636 Wald ZH, 055 95 14 15
Hamblin-Anugraha, Diya und Peter, Am Isenbach 5, 8906 Bonstetten, 01 701 22 87
Hardmeyer Irma, Mühlehaldensteig 3, 8032 Zürich, 01 381 68 20
Hirzel-Buchmüller Marianna, Bifistrasse 63, 3145 Niederscherli, 031 849 20 53
Huebscher Beatrix, Wiesenweg 15, 4144 Arlesheim, 061 702 02 12
Joy-Koenig Esther, Reiki Zentrum, Dorngasse 12, 3007 Bern, 031 372 50 75
Krause Margrit, Effingerstrasse 6a, 3011 Bern, 031 381 66 37
Künzler Theresa, Brunnenhofstrasse 49, 3063 Ittigen/Bern, 031 921 17 18
L'Eplattenier Dominique, Bündtenweg 14, 4464 Maisprach, 061 841 24 66
Manz Elizabeth, Tobelweg 38, 8706 Feldmeilen, 01 923 38 19
Meienberg Verena, Terrassenweg 40, 3510 Konolfingen, 031 791 18 87

Obi Rita Suzanne, Weidenstrasse 21, 3084 Wabern, 031 961 37 38
Obrecht Hulda, Bollwiesstrasse 18, 8645 Iona, 055 25 51 76
Peter Diya, Loorenstrasse 11, 8305 Dietlikon, 01 833 19 52
Rickenbach Barbara, Obstgartenstrasse 12, 8136 Gattikon, 01 722 28 52
Soutter Marianne, Parlatschu, Trimosa A, 7016 Trin-Mulin, 081 38 19 20
Varkevisser Christina, Lärchenstrasse 37, 5024 Küttigen, 064 37 24 07
Vogt Bettina, Egerta 17, 9496 Balzers, 075 384 30 44
Wacker Margrit, Am Rain 7, 4800 Zofingen, 062 752 10 57
Weber-Amstutz Wolfgang und Renate, Freiraum und Gesundheitspraxis,
Schalengässli 9, 8212 Neuhausen am Rheinfall, 053 22 60 61
Zito Pascale, Kosmetik Beim Kurhaus, Am Bahnhofplatz, 5428 Walzenhausen,
071 44 65 05

Aura-Soma-Bezugsquellen Deutschland

Altamira, Sibyle Bauer, Sockingerstrasse 7, 82319 Starnberg, 08151 2 85 71
Augen-Blick, Akazienstrasse 27, 10823 Berlin, 030 781 97 02
Aura Soma Farbzentrum, Niedernstrasse 39, 38364 Schöningen, 05352 5 72 75
Aura Soma Gallery, Kleiner Griechenmarkt 81, 50676 Köln, 0221 240 56 33
Aura Soma Lädchen, Hildesheimer Strasse 137, 30173 Hannover,
0511 809 17 07
Aura Soma Shop, Kaiserswerther Markt 34, 40489 Düsseldorf, 0211 408 91 42

«Barbara», Sandberg 7, 25335 Elmshorn, 04121 9 28 87
Breu Margrit, Hofmannstrasse 21, 91052 Erlangen, 091 31 2 23 57
Brose, Heide, Bahnhofstrasse 15, 31303 Burgdorf, 05136 8 60 8774

«Die Lichtinsel», Suzan H. Wiegel,
Schmausenbuckstrasse 86, 90480 Nürnberg, 0911 40 33 44

Eigenart, Bruderturmgasse 6, 78462 Konstanz, 075 31 1 57 00
Esoterische Bücherstube, Steinheimerstrasse 40, 63450 Hanau, 061 81 2 02 06

Fichter, Mechthilde Regine, Beethovenstrasse 10, 34414 Warburg,
05641 74 00 01
Funke Christa, Frankenbergstrasse 45, 01159 Dresden, Tel. 0351 421 94 23

Ganzheitliche Farbberatung, Studio für, Burgstrasse 31, 63571 Gelnhausen
(östl. v. Frankfurt), 060 51 1 76 38
Gienanth Silvi von, Radgasse 27, 89073 Ulm, 0731 2 91 92

Hier & Jetzt, Erzberger Strasse 10, 22765 Hamburg, 040 39 57 84
Hudecek Galerie, Marienstrasse 21, 63820 Elsenfeld, 06022 78 34

Ifftner, Annette, Altewiekring 76, 38102 Braunschweig, 0531 79 43 02
Institut für ganzheitl. Körpertherapie, Sedanstrasse 5, 88046 Friedrichshafen,
07541 2 40 24
Isis-Haus, Kleine Krichstrasse 5, 26122 Oldenburg, 0441 2 65 42

Kevala, Weidengasse 6, 61440 Oberusel, 06171 5 96 87
Kleopatra, Haunstetterstrasse 62, 86343 Königsbrunn, 082 31 8 70 21

Lebensbaum, Neustädterstrasse 13, 33602 Bielefeld, 0521 6 80 60
Lebensfreude, Schuttorfer Aue 13, 42424 Heinsberg-Krichhoven, 02452 8 88 35
«Lichtgarten», Buchhandlung, In der Runken 13, 28203 Bremen, 0421 7 87 66
Lichtträger, Flingerstrasse 10, 40213 Düsseldorf, 0211 35 59 49
Lumina, Altes-Zeughausgässchen 1, 86152 Augsburg, 08 21 15 50 89

Mandela-Buchhandlung, Schillerpassage-Rahmhofst, 60313 Frankfurt,
069 29 22 07
Midheaven Bookshop, Reichenbachstrasse 51, 80469 München 089 201 51 80

Neufert Santena, Hardenbergstrasse 93, 47799 Krefeld, 021 51 77 77 27

Osho Tao Buchladen, Klenzestrasse 41, 80469 München, 089 202 409 0
Osho's, Sybelstrasse 45, 10629 Berlin, 030 324 98 05

Phoenix, Bernlappstrasse 4a, 79108 Freiburg, 0761 55 54 97

Scharlach, Gertrude, Heidestrasse 52, 60385 Frankfurt, 069 43 21 32
Schmidt Gabriele, Schuttorfer Aue 13, 52525 Heinsberg, 02452 8 88 35

Tao, Lovetto Strasse 9, 40219 Düsseldorf, 0211 917 96 00
Templer Anna, An den Leiten 15, 91795 Obereichstätt, 08421 75 43

Walkenhorst Christa, Julienstrasse 75, 43150 Essen, 0201 77 48 74
Wrage, Schlüterstrasse 10, 20146 Hamburg, 040 45 52 40

Aura-Soma-Bezugsquellen Schweiz
(s. a. unter Aura-Soma-Berater Schweiz)

Therese Künzler, Brunnenhofstrasse 49, 3063 Ittigen-Bern,
Telefon/Fax 031 921 17 18

Buchhandlung im Licht AG, Oberdorfstrasse 28, CH-8024 Zürich,
Telefon 01 252 68 68, Fax 01 252 68 60

Apotheke Noyer, Marktgasse 63/65, Postfach, 3001 Bern,
Telefon 031 311 54 64, Fax 031 311 85 74

Posivita, Esoterik-Buchladen und Versandbuchhandlung, Rotbuchstrasse 16,
8006 Zürich

Buchhandlung Weyermann, Bubenbergplatz 8, 3001 Bern,
Telefon 031 311 37 46, Fax 031 312 51 54

Weiterführende ganzheitliche Literatur

Zu Aura Soma
Vicky Wall: Aura Soma – Das Wunder der Farbheilung, Lichtstern Verlag
H.J. Maurer, Frankfurt 1990, Pbck (ISBN 3-929345-00-5)

Zu anderen Gebieten
Suzan H. Wiegel: Das Handbuch der Kahuna-Medizin, Heilkunde und
Naturheilmittel aus Hawaii, Ariston Verlag Kreuzlingen/München 1996, geb.
(ISBN 3-7205-1903-1)
I. Dalichow/M. Booth: Aura Soma. Heilung durch Farbe, Pflanzen- und
Edelsteinenergie, 1995, 384 Seiten, Farbtafeln, DroemerKnaur, gebunden
(ISBN 3-426-26873-6)
Ingrid S. Kraaz/Wulfing von Rohr: Die richtige Schwingung heilt, Handbuch zur
Kombination von Bachblüten, Farbtherapie, Biochemie und Homöopathie,
Goldmann Verlag München, 5. Aufl. 1995, TB. (ISBN 3-442-13788-8)
Ingrid S. Kraaz/Wulfing von Rohr: Die Farben deiner Seele, Farbtherapie,
Farbpsychologie, Farben in Aura und Chakras, Goldmann Verlag München,
4. Aufl. 1995, TB. (ISBN 3-442-13767-5)
Wulfing von Rohr: Es steht geschrieben… Ist unser Leben Schicksal oder Zufall,
Karma oder Chaos? Ariston Verlag Kreuzlingen/München, 2. Aufl. 1994
(ISBN 3-7205-1817-5)
Wulfing von Rohr: Was lehrte Jesus wirklich? Auf den Spuren der
Christus-Meditation, Goldmann Verlag München, 1995 (ISBN 3-442-12250-5)
Rajinder Singh: Heilende Meditation, Kompetente Anleitung zur Meditation,
Urania Verlag Neuhausen, 1996, Pbck. (ISBN 3-908644-30-5)

Vorträge und Seminare

Suzan H. Wiegel hält für Laien und für Therapeuten regelmäßig Vorträge und
Seminare über Aura Soma, Kahuna-Medizin und andere, psychologische und
naturheilkundliche Themen. Zu diesen Gebieten bietet sie spezielle systemati-
sche Ausbildungskurse an. Weitere Informationen über:

**HP Suzan H. Wiegel, Die Lichtinsel, Schmausenbuckstrasse 86
D-90480 Nürnberg; Telefon (0911) 403344, 542493, Fax 401130**

Eine einzigartige Kombination jahrzehntelang erprobter Gesundheitsmaßnahmen

1. Auflage 1996
144 Seiten, broschiert
ISBN 3-85681-320-9

Fischer Media Verlag, Münsingen-Bern

Frauen fühlen sich endlich richtig verstanden...

1. Auflage 1996
244 Seiten, broschiert
ISBN 3-85681-321-9

Fischer Media Verlag, Münsingen-Bern

Erfolgreiche **fischer**-Ratgeber

Natürliche Gesundheit

Ingrid S. Kraaz/Wulfing von Rohr
Die sieben Heiler
Pappband, 128 Seiten
ISBN 3-85681-286-5

Elisabeth Brooke
Kräuter für Frauen
Broschiert, 160 Seiten
ISBN 3-85681-256-3

Andrée Rechsteiner
Kosmetik-Rezepte
Broschiert, 176 Seiten,
zahlreiche Illustrationen
ISBN 3-85681-308-X

Georgina Regan/Debbie Shapiro
Heilende Hände
Pappband, 136 Seiten, illustriert
ISBN 3-85681-256-3

Erfolgreiche **fischer**-Ratgeber

Praktische Lebenshilfe

Ulrike Dahm/Erich Keller
Sei Dein bester Freund
Broschiert, 168 Seiten
ISBN 385681-283-0

Erich Keller
Duft und Gemüt
Pappband, 160 Seiten
ISBN 385681-270-9

Vera Pfeiffer
«Solotanz»
Broschiert, 156 Seiten
ISBN 385681-287-3

Gudrun Freitag
Handbuch des positiven Lebens
Broschiert, 214 Seiten
ISBN 385681-295-4